U0527139

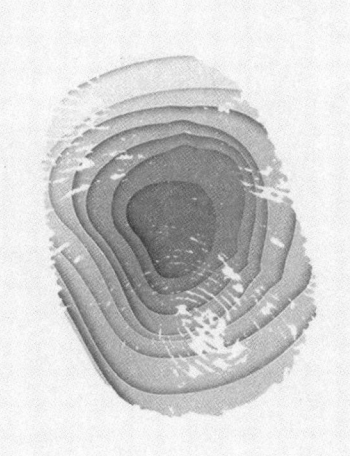

论语传习

曲阜孔子书院 编

山东友谊出版社·济南

图书在版编目（CIP）数据

论语传习/曲阜孔子书院编. -- 济南：山东友谊出版社，2024.10
ISBN 978-7-5516-2982-9

Ⅰ.①论… Ⅱ.①曲… Ⅲ.①《论语》—研究 Ⅳ.① B222.25

中国国家版本馆 CIP 数据核字（2024）第 110092 号

论语传习
LUNYU CHUAN XI

责任编辑：张亚欣
装帧设计：刘洪强　柴红翠

主管单位：山东出版传媒股份有限公司
出版发行：山东友谊出版社
　　　　　地址：济南市英雄山路 189 号　邮政编码：250002
　　　　　电话：出版管理部（0531）82098756
　　　　　　　　发行综合部（0531）82705187
　　　　　网址：www.sdyouyi.com.cn
印　　刷：东营华泰印务有限公司

开本：890mm×1240mm　1/16
印张：15.25　　　　　字数：230 千字
版次：2024 年 10 月第 1 版　印次：2024 年 10 月第 1 次印刷
定价：98.00 元

《论语传习》编委会

顾　问：杨朝明　赵一澄

主　编：王　斐

配　音：王　斐

副主编：张玉贝　徐小丁　郑玉婷　刘华贵　金　岚

编　委：程　杰　李姝彤　孔令燕　赵乃茹　葛锦峰
　　　　孙晶晶　王　漾　樊迎旭　沈　洁　赵　敏

● **特别鸣谢：**

感谢曲阜孔子书院、慈舟大学堂和正心读书会诸位导师学友在多年来的切磋修正中给予的指导关怀和大力支持。

文明大树里的生命年轮

杨朝明

孔子的教诲滋养了一代又一代中华儿女,在《论语》的不断诵读之中,中华民族比世界上其他民族更加和睦、更加和平地共同生活了几千年。"在生命年轮中探寻《论语》的印记",这是本书的创新性提法,它启示人们,在《论语》学习中留下生命轨迹,是生命面向生活的最优雅选择。作为一本成长日志,本书打开了生命链接经典的阳光之路。

如果把中华文明比喻成一棵生生不息的大树,这棵大树的主干就是儒家文化,主干的粗壮,源于根系深长而牢固。中华文明源远流长,正是依托深厚的根脉,在不同时期吸收了不同的文明营养,不断兼容并蓄、创造创新,开出了艳丽的花,结出了丰硕的果。尊崇热爱传统文化,才能不断丰富其内涵使之历久弥新;对传统文化正本清源、培根固元,中华文明之树才能不断焕发生机。

儒学就是仁学,就是人学,就是关于人之更好地为人的学问。儒学尊重人性,注重人的价值,认为每个人都是独一无二的个体,都具有内在价值和潜力;儒学也强调人的社会性,认为人不能脱离社会而单独存在。由此,人要活出生命的意义来,就必须明心见性、放大善性、致其良知,自觉尊道德、崇道德、守道德,以明德引领风尚。人们需要在历史与现实问题的交汇中提升个体的自我意识和自我价值,进一步激发荣誉感,增强使命感,使个体价值在社会集体的担当践行中从容绽放。

半部《论语》治天下,句句"子曰"暖人心。我们何其有幸,有中华经典的陪伴;我们满心感动,有孔子遗说的引领。《论语》呈现了孔子的思想世界,也指引了中国人几千年来对人生和世界的态度,彰显了鲜活的文化风貌和文明样态。《论语》是孔子以前数千年文化的沉淀,又经过了孔子以后数千年历史的检验。用心与《论语》相伴,就一定能"品味"出其中关于人生的"品位",从容面对生活百态,理性认知人生意义,自觉尊奉圣贤教诲,从而活出个人生命的精彩!

本书的美好意愿或要旨追求,是在中华文明大树的庇荫下,依照二十四节气的规律,在《论语》的印记中标注自己的生命年轮。可以说,这是一场经典传习的创新之旅,我们相信,每一个个体生命的激活与绽放,都将是对中华文明之树的滋养。

生命年轮里的《论语》印记

春生夏长，秋收冬藏。自古以来，天地之间的律动，揭示着宇宙自然的规律，蕴藏着生命成长的智慧。

你的人生曾怎样度过？当岁月镌刻进生命的年轮，你如何总结过往？如何面向未来？如果将古老的《论语》智慧灌注进生命成长的过程，你将会收获什么？

《论语传习》由"经典传习"的伙伴们经多年身体力行、研习打磨而成。它用适合当代人理解的方式，结合二十四节气的时令规律，关照生命成长节奏，以二十四个专题串联起《论语》全部章句。

这是一本融听、读、写、悟为一体的"生命年轮印记"。我们期待以一种抛砖引玉的形式，帮助更多的人亲近经典，感知经典陪伴生命成长的无限乐趣，启发每个人的个性化思考和创造性想象。

春天的新生、夏天的蓬勃、秋天的收获、冬天的蕴藏，每一个季节都承载着生命律动的华章。

在这本书中，你将领略《论语》智慧与自然节气和生命成长的呼应和升华。比如，立春时节，"愿你，归来仍是少年"，开启学习篇章，领悟"人之初生，如万物破土破壳而生，纯笃，倔强。生命一以贯之向上生长的力量，就是学习的源动力"；立冬之时，"不要忘记回家的路"，通过宗义专题，体悟"冬藏，是一场回归。因'止'而知'行'的方向，因'息'而有'生'的能量"。

在喧嚣和忙碌中，给自己创造片刻宁静，让你的生命年轮，链接经典的能量。当你在聆听、读诵、抄写、感悟《论语》章句的时候，你的身心已然开始了全新的构建，你将于不知不觉间化解生活中的迷茫困顿，积蓄生命成长的能量……

经典生活化，生活才能经典化。让古老的经典不再深奥莫测，以经典传习见证美好生活。

来吧，打开这本书，留下你的"生命年轮印记"。

生命年轮 印记

你的人生曾怎样度过?

当岁月镌刻进生命的年轮,

你如何总结过往?如何面向未来?

如果将古老的《论语》智慧

灌注进生命成长的过程,你将会收获什么?

现在的自己 开始留下印记的时间:

姓名(昵称) _____ 年龄 _____ 职业 _____

特长爱好 _____

至少用五个关键词描述自己的优点:_____

争取用三个关键词描述自己的缺点:_____

未来的自己

至少用三个关键词描述期待中的未来的自己:_____

准备好借助《论语》智慧探寻自己的生命潜能了吗? 为自己定下心锚,给自己一段鼓励。

以声养心

200+小时经典悦听

目 录

立春 学习专题
　　愿你，归来仍是少年 1

雨水 孝悌专题
　　珍惜生命的缘，才能做生命的主 10

惊蛰 复性专题
　　请相信，你本来就很好 21

春分 谦让专题
　　你的生命底气有多足 33

清明 易识专题
　　世界上最遥远的距离 39

谷雨 益友专题
　　高山流水遇知音，共品人生千百味 47

立夏 恒信专题
　　你是自己的主宰 52

小满 仕长专题
　　逢山开路，遇水架桥 58

芒种 立志专题
　　没有什么能够阻挡，你对自由的向往 80

夏至 格中专题
　　改变，为了心中不变 87

小暑 君子专题
　　让理想照亮现实 91

大暑 师士专题
　　对这土地爱得深沉 **106**

1

立秋	**省新专题**	
	阴阳兼备才完整	124
处暑	**三达专题**	
	"三"的奥妙	132
白露	**忠恕专题**	
	过不伪善的人生	138
秋分	**时应专题**	
	行住坐卧见真章	144
寒露	**道德专题**	
	心之所向，行则将至	157
霜降	**行教专题**	
	一部行走的教科书	165
立冬	**宗义专题**	
	不要忘记回家的路	174
小雪	**礼乐专题**	
	人生的华彩乐章	182
大雪	**天下专题**	
	心中的"格"，决定活出的"局"	191
冬至	**和美专题**	
	和美之境来自人生淬炼	213
小寒	**艺愚专题**	
	人生不设限	218
大寒	**圣贤专题**	
	没有退路的人生逆旅	223

立春 学习专题

✦ 愿你，归来仍是少年

人之初生，如万物破土破壳而生，纯笃，倔强。

生命一以贯之向上生长的力量，就是学习的源动力。

读诵抄写

❶ 孔子曰："生而知之者，上也；学而知之者，次也；困而学之，又其次也。困而不学，民斯为下矣。"

（季氏第十六·9章）

❷ 子曰："知及之，仁不能守之，虽得之，必失之。知及之，仁能守之，不庄以莅之，则民不敬。知及之，仁能守之，庄以莅之，动之不以礼，未善也。"

（卫灵公第十五·33章）

❸ 子曰："莫我知也夫！"子贡曰："何为其莫知子也？"子曰："不怨天，不尤人，下学而上达。知我者，其天乎！"（宪问第十四·35章）

❹ 孔子曰："不知命，无以为君子也；不知礼，无以立也；不知言，无以知人也。"（尧曰第二十·3章）

❺ 子曰："赐也，女以予为多学而识之者与？"对曰："然，非与？"曰："非也，予一以贯之。"

（卫灵公第十五·3章）

❻ 子曰:"君子不重则不威,学则不固。主忠信,无友不如己者。过,则勿惮改。"（学而第一·8章）

❼ 子曰:"学而时习之,不亦说乎?有朋自远方来,不亦乐乎?人不知而不愠,不亦君子乎?"（学而第一·1章）

❽ 子曰:"君子病无能焉,不病人之不己知也。"

（卫灵公第十五·19章）

❾ 子曰:"古之学者为己,今之学者为人。"（宪问第十四·24章）

❿ 子曰:"十室之邑,必有忠信如丘者焉,不如丘之好学也。"（公冶长第五·28章）

⓫ 子夏曰:"日知其所亡,月无忘其所能,可谓好学也已矣!"（子张第十九·5章）

⓬ 哀公问:"弟子孰为好学?"孔子对曰:"有颜回者好学,不迁怒,不贰过,不幸短命死矣!今也则亡,未闻好学者也。"（雍也第六·3章）

13 子曰："由也，女闻六言六蔽矣乎？"对曰："未也。""居！吾语女。好仁不好学，其蔽也愚；好知不好学，其蔽也荡；好信不好学，其蔽也贼；好直不好学，其蔽也绞；好勇不好学，其蔽也乱；好刚不好学，其蔽也狂。"（阳货第十七·8章）

14 子曰："笃信好学，守死善道。危邦不入，乱邦不居。天下有道则见，无道则隐。邦有道，贫且贱焉，耻也；邦无道，富且贵焉，耻也。"（泰伯第八·13章）

15 子夏曰："博学而笃志，切问而近思，仁在其中矣。"（子张第十九·6章）

16 子曰："学而不思则罔，思而不学则殆。"（为政第二·15章）

17 子曰："小子何莫学夫诗？诗，可以兴，可以观，可以群，可以怨。迩之事父，远之事君；多识于鸟兽草木之名。"（阳货第十七·9章）

18 子路问成人。子曰:"若臧武仲之知,公绰之不欲,卞庄子之勇,冉求之艺,文之以礼乐,亦可以为成人矣!"曰:"今之成人者,何必然?见利思义,见危授命,久要不忘平生之言,亦可以为成人矣!"(宪问第十四·12章)

专题小结

我们为什么要学习？我们能在现实社会生活中更好地运用己之所学，并由此推动生命的发展吗？

《论语》所言"下学而上达"，就是指历经世事纷杂，依然回到本心，观照生命价值，正应了那句歌词：归来仍是少年。真正的好学就是"清净本心"的功夫，让在尘世间困顿纠结、无处安放的灵魂复归清明自在，"博学而笃志，切问而近思，仁在其中矣"。

经典古籍，书写了古圣先贤的生命经验和智慧世界。学会融入经典的字里行间，用深长均匀的呼吸状态去听诵、读写，摒绝纷扰，感受心灵的平和与宁静，安于当下，"一以贯之"，慢慢体悟"学而时习之，不亦说乎"，追随圣贤的格局境界，去发掘自己生命的无限张力。

你愿意相信吗？《论语》传习就是在唤醒我们对于生活的"幸福力"，经典永恒，离我们一点也不遥远。

学后感悟

雨水 孝悌专题

✦ 珍惜生命的缘，才能做生命的主

一个"缘"字，如阳光雨水般浸润着生命的成长。

读懂孝悌之"缘"的深厚长久，才能积蓄起生命勃发的后劲。

读诵抄写

① 有子曰："其为人也孝弟，而好犯上者，鲜矣。不好犯上，而好作乱者，未之有也。君子务本，本立而道生。孝弟也者，其为仁之本与？"（学而第一·2章）

❷ 子夏曰:"贤贤易色,事父母,能竭其力;事君,能致其身;与朋友交,言而有信。虽曰未学,吾必谓之学矣。"（学而第一·7章）

❸ 齐景公问政于孔子。孔子对曰:"君君,臣臣,父父,子子。"公曰:"善哉!信如君不君,臣不臣,父不父,子不子,虽有粟,吾得而食诸？"

（颜渊第十二·11章）

❹ 定公问:"君使臣,臣事君,如之何？"孔子对曰:"君使臣以礼,臣事君以忠。"（八佾第三·19章）

❺ 或谓孔子曰："子奚不为政？"子曰："《书》云：'孝乎惟孝，友于兄弟，施于有政。'是亦为政，奚其为为政？"（为政第二·21章）

❻ 司马牛忧曰："人皆有兄弟，我独亡！"子夏曰："商闻之矣：死生有命，富贵在天。君子敬而无失，与人恭而有礼，四海之内，皆兄弟也。君子何患乎无兄弟也？"（颜渊第十二·5章）

❼ 孟懿子问孝。子曰:"无违。"樊迟御,子告之曰:"孟孙问孝于我,我对曰'无违'。"樊迟曰:"何谓也?"子曰:"生,事之以礼。死,葬之以礼,祭之以礼。"(为政第二·5章)

❽ 子游问孝。子曰:"今之孝者,是谓能养。至于犬马,皆能有养。不敬,何以别乎?"(为政第二·7章)

❾ 子夏问孝。子曰:"色难。有事,弟子服其劳;有酒食,先生馔,曾是以为孝乎?"(为政第二·8章)

⑩ 子曰："事父母几谏，见志不从，又敬不违，劳而不怨。"（里仁第四·18章）

⑪ 子曰："孝哉闵子骞！人不间于其父母昆弟之言。"
（先进第十一·5章）

⑫ 子曰："父母在，不远游，游必有方。"（里仁第四·19章）

⑬ 孟武伯问孝。子曰："父母唯其疾之忧。"（为政第二·6章）

⑭ 子曰："父母之年，不可不知也。一则以喜，一则以惧。"（里仁第四·21章）

15 子曰:"父在,观其志;父没,观其行;三年无改于父之道,可谓孝矣。"（学而第一·11章）

16 曾子曰:"吾闻诸夫子:'孟庄子之孝也,其他可能也,其不改父之臣与父之政,是难能也。'"

（子张第十九·18章）

17 子曰:"三年无改于父之道,可谓孝矣。"（里仁第四·20章）

18 宰我问："三年之丧，期已久矣！君子三年不为礼，礼必坏；三年不为乐，乐必崩。旧谷既没，新谷既升，钻燧改火，期可已矣。"子曰："食夫稻，衣夫锦，于女安乎？"曰："安！""女安，则为之！夫君子之居丧，食旨不甘，闻乐不乐，居处不安，故不为也。今女安，则为之！"宰我出。子曰："予之不仁也。子生三年，然后免于父母之怀。夫三年之丧，天下之通丧也。予也有三年之爱于其父母乎？"（阳货第十七·21章）

19 子张曰:"《书》云,'高宗谅阴,三年不言。'何谓也?"子曰:"何必高宗,古之人皆然。君薨,百官总己以听于冢宰三年。"（宪问第十四·40章）

20 子游曰:"丧致乎哀而止。"（子张第十九·14章）

21 祭如在,祭神如神在。子曰:"吾不与祭,如不祭。"（八佾第三·12章）

22 曾子曰:"慎终追远,民德归厚矣。"（学而第一·9章）

23 子曰："出则事公卿，入则事父兄，丧事不敢不勉，不为酒困，何有于我哉？"（子罕第九·16章）

专题小结

孔子所教导我们的孝悌观，怎么可能只是局限于宗族血亲关系里的刻板说教呢？

雨水滋润大地，象征着生命的起源和延续。人，从剪下脐带与母体分离的那一刻开始，就和周遭建立起千丝万缕的社会关系。

子夏经由事父母、事君、与朋友交这三类基本的社会关系提醒我们，固本培元，道生万物。

孔子借助众弟子在不同场景下的提问，一遍一遍、不厌其烦地启发我们树立"顺天应人，万物互联"的大孝悌观。用平等心、平常心，善待每一个鲜活生命，在各种因缘交互的关系中，不断解开束缚，放下执着，超越局限，唤醒仁德之性，绽放生命华彩。

孔子说"无违"，心怀感恩，不忘来处；孔子说"三年无改于父之道"，所有的过去都是未来的基石；孔子说人不同于"犬马"，心中有敬，和颜悦色，行之有礼，继志述事。

学后感悟

生命年轮
里的《论语》印记

惊蛰 复性专题

✦ 请相信，你本来就很好

内心深处蛰伏着最深厚纯净的个性坚守，这股蕴蓄之力若被惊雷唤醒，果敢无畏的生长就萌发了。

读诵抄写

❶ 子曰："性相近也，习相远也。"（阳货第十七·2章）

❷ 叔孙武叔毁仲尼。子贡曰："无以为也，仲尼不可毁也！他人之贤者，丘陵也，犹可逾也；仲尼，日月也，无得而逾焉。人虽欲自绝，其何伤于日月乎？多见其不知量也！"（子张第十九·24章）

❸ 子曰："人之生也直，罔之生也幸而免。"（雍也第六·19章）

❹ 原壤夷俟。子曰："幼而不孙弟，长而无述焉，老而不死，是为贼。"以杖叩其胫。（宪问第十四·43章）

❺ 曾子曰："吾闻诸夫子：人未有自致者也，必也亲丧乎！"（子张第十九·17章）

❻ 子曰："唯上知与下愚不移。"（阳货第十七·3章）

7 颜渊死,子哭之恸。从者曰:"子恸矣!"曰:"有恸乎?非夫人之为恸而谁为?"（先进第十一·10章）

8 子曰:"回也,非助我者也!于吾言,无所不说。"
（先进第十一·4章）

9 子曰:"先进于礼乐,野人也。后进于礼乐,君子也。如用之,则吾从先进。"（先进第十一·1章）

10 子见南子,子路不说。夫子矢之曰:"予所否者,天厌之!天厌之!"（雍也第六·28章）

⑪ 子曰："唯女子与小人为难养也！近之则不孙，远之则怨。"（阳货第十七·25章）

⑫ 子曰："年四十而见恶焉，其终也已！"（阳货第十七·26章）

⑬ 伯牛有疾，子问之。自牖执其手，曰："亡之，命矣夫！斯人也，而有斯疾也！斯人也，而有斯疾也！"（雍也第六·10章）

14 子疾病，子路请祷。子曰："有诸？"子路对曰："有之。《诔》曰：'祷尔于上下神祇。'"子曰："丘之祷久矣！"（述而第七·35章）

15 子曰："君子而不仁者有矣夫！未有小人而仁者也！"（宪问第十四·6章）

16 南容三复白圭，孔子以其兄之子妻之。（先进第十一·6章）

17 子张问明。子曰:"浸润之谮,肤受之愬,不行焉,可谓明也已矣。浸润之谮,肤受之愬,不行焉,可谓远也已矣。"(颜渊第十二·6章)

18 子曰:"吾之于人也,谁毁谁誉?如有所誉者,其有所试矣。斯民也,三代之所以直道而行也。"

(卫灵公第十五·25章)

19 或曰:"以德报怨,何如?"子曰:"何以报德?以直报怨,以德报德。"(宪问第十四·34章)

20 子贡方人。子曰："赐也贤乎哉？夫我则不暇！"

（宪问第十四·29章）

21 子曰："不患人之不己知，患其不能也。"（宪问第十四·30章）

22 "克、伐、怨、欲不行焉，可以为仁矣？"子曰："可以为难矣，仁则吾不知也。"（宪问第十四·1章）

23 子曰："刚、毅、木、讷近仁。"（子路第十三·27章）

24 子游曰："吾友张也为难能也，然而未仁。"

（子张第十九·15章）

25 曾子曰:"堂堂乎张也!难与并为仁矣。"（子张第十九·16章）

26 子曰:"由之瑟,奚为于丘之门?"门人不敬子路。子曰:"由也升堂矣,未入于室也!"（先进第十一·15章）

27 子曰:"其言之不怍,则为之也难!"（宪问第十四·20章）

28 季康子问:"弟子孰为好学?"孔子对曰:"有颜回者好学,不幸短命死矣!今也则亡。"（先进第十一·7章）

29 颜渊死，颜路请子之车以为之椁。子曰："才不才，亦各言其子也。鲤也死，有棺而无椁。吾不徒行以为之椁，以吾从大夫之后，不可徒行也。"（先进第十一·8章）

30 叶公语孔子曰："吾党有直躬者，其父攘羊，而子证之。"孔子曰："吾党之直者异于是，父为子隐，子为父隐，直在其中矣。"（子路第十三·18章）

31 子曰："不患人之不己知，患不知人也。"（学而第一·16章）

32 子张问善人之道。子曰："不践迹，亦不入于室。"
（先进第十一·20章）

33 子贡曰："夫子之文章，可得而闻也。夫子之言性与天道，不可得而闻也。"（公冶长第五·13章）

专题小结

我是谁？我从哪里来？要到哪里去？

当事情不尽如人意时，当迷雾遮蔽前路时，这个经典的哲学三问，总是于不经意间跳出来，叩问我们的内心。

孔子说："性相近也，习相远也。"共通的人性中也蕴含着掌握自己命运、活出个性价值的冲劲。如果能回归自心本性，找到本自具足的自己，我们就不会事事外求，强求尽如我意，而是悦纳世界的多元与不足，允许别人活成他们自己的样子。正如夜空中的繁星，每一颗都有其特定的轨迹，各自闪亮，各自精彩。

不用担心前路漫漫，"高高山顶立，深深海底行"。即便经历无数次的自我怀疑、自我拷问，甚至想要放弃又如何？即便经历无数次患得患失、焦虑恐惧，甚至死去活来又如何？孔子说："浸润之谮，肤受之愬，不行焉，可谓明也已矣。浸润之谮，肤受之愬，不行焉，可谓远也已矣。"若要做到透彻清明、行稳致远，恰恰需要千锤百炼去勘验初心。

历经重重磨难，人的心性终究会淬炼出纯真的质地，生命的魅力即于此处彰显。

学后感悟

生命年轮
里的《论语》印记

春分 谦让专题

✦ 你的生命底气有多足

谦让，是不争，也是无私。
用信念播种的美好愿景，会与新世界平分春色。

读诵抄写

❶ 子曰："泰伯，其可谓至德也已矣。三以天下让，民无得而称焉。"（泰伯第八·1章）

❷ 公叔文子之臣大夫僎，与文子同升诸公。子闻之，曰："可以为文矣！"（宪问第十四·18章）

❸ 子曰:"孟之反不伐,奔而殿,将入门,策其马,曰:'非敢后也,马不进也!'"（雍也第六·15章）

❹ 入太庙,每事问。（乡党第十·21章）

❺ 子曰:"事君,敬其事而后其食。"（卫灵公第十五·38章）

❻ 师冕见。及阶,子曰:"阶也。"及席,子曰:"席也。"皆坐,子告之曰:"某在斯,某在斯。"师冕出。子张问曰:"与师言之道与?"子曰:"然,固相师之道也。"（卫灵公第十五·42章）

34

❼ 乡人饮酒，杖者出，斯出矣。（乡党第十·13章）

❽ 乡人傩，朝服而立于阼阶。（乡党第十·14章）

❾ 子见齐衰者、冕衣裳者与瞽者，见之，虽少，必作；过之，必趋。（子罕第九·10章）

❿ 子欲居九夷。或曰："陋，如之何？"子曰："君子居之，何陋之有？"（子罕第九·14章）

⓫ 子曰："奢则不孙，俭则固；与其不孙也，宁固。"
（述而第七·36章）

⑫ 子钓而不纲，弋不射宿。（述而第七·27章）

⑬ 子禽问于子贡曰："夫子至于是邦也，必闻其政，求之与？抑与之与？"子贡曰："夫子温、良、恭、俭、让以得之。夫子之求之也，其诸异乎人之求之与！"（学而第一·10章）

专题小结

为什么谦让反而会收获更多？

谦让，如水般柔和包容。水，随顺柔和、无争无夺，但我们也见识过滴水穿石的韧劲、惊涛骇浪的猛烈。在柔和无争的外表下，这份巨大无比的力量，正是"水"的底气。柔和与强韧构成了水的质感。

泰伯先后三次把至高无上的权位拱手相让而没有任何留恋，公叔文子推荐家臣与自己同升诸公、平起平坐而毫无芥蒂，孟之反在生死攸关之时勇于殿后且不居功自傲……你能否看到，这背后都有某种巨大而坚定的力量做支撑？

当更多人被束缚在世俗观念里，不断外求名利以获得安全感时，我们应敢于回归内心，把生命定位在更长远、更深邃、更广袤的未来，真正走出一条生命自在的践行之路，去洞见生命的本有智慧。

放下对世俗功利的追逐与攀附，不执迷于任何单一观念、狭隘认知，正是谦让的开始。

学后感悟

生命年轮
里的《论语》印记

清明 易识专题

✦ 世界上最遥远的距离

每个人的心田，都会有一方清朗明净之所，应对着世俗的繁杂，温暖着生命的过往与向往。

读诵抄写

❶ 子曰："默而识之，学而不厌，诲人不倦，何有于我哉？"（述而第七·2章）

❷ 子夏问曰："'巧笑倩兮，美目盼兮，素以为绚兮。'何谓也？"子曰："绘事后素。"曰："礼后乎？"子曰："起予者商也，始可与言《诗》已矣。"（八佾第三·8章）

❸ 子曰："盖有不知而作之者，我无是也。多闻，择其善者而从之，多见而识之，知之次也。"（述而第七·28章）

❹ 子绝四：毋意，毋必，毋固，毋我。（子罕第九·4章）

❺ 子谓子贡曰："女与回也孰愈？"对曰："赐也何敢望回！回也闻一以知十，赐也闻一以知二。"子曰："弗如也，吾与女弗如也。"（公冶长第五·9章）

❻ 颜渊问仁。子曰:"克己复礼为仁。一日克己复礼,天下归仁焉。为仁由己,而由人乎哉?"颜渊曰:"请问其目。"子曰:"非礼勿视,非礼勿听,非礼勿言,非礼勿动。"颜渊曰:"回虽不敏,请事斯语矣!"(颜渊第十二·1章)

❼ 子曰:"苟志于仁矣,无恶也。"(里仁第四·4章)

❽ 冉有曰："夫子为卫君乎？"子贡曰："诺，吾将问之。"入，曰："伯夷、叔齐，何人也？"曰："古之贤人也。"曰："怨乎？"曰："求仁而得仁，又何怨？"出，曰："夫子不为也。"（述而第七·15章）

❾ 子曰："伯夷、叔齐不念旧恶，怨是用希。"

（公冶长第五·23章）

❿ 子贡曰："我不欲人之加诸我也，吾亦欲无加诸人。"子曰："赐也，非尔所及也！"（公冶长第五·12章）

⑪ 子曰："吾未见刚者！"或对曰："申枨。"子曰："枨也欲，焉得刚。"（公冶长第五·11章）

⑫ 子曰："色厉而内荏，譬诸小人，其犹穿窬之盗也与！"（阳货第十七·12章）

⑬ 互乡难与言。童子见，门人惑。子曰："与其进也，不与其退也。唯何甚？人洁己以进，与其洁也，不保其往也！"（述而第七·29章）

14 子谓子贱："君子哉若人！鲁无君子者，斯焉取斯？"（公冶长第五·3章）

_____

_____

15 子曰："非其鬼而祭之，谄也。见义不为，无勇也。"
（为政第二·24章）

_____

_____

16 子罕言利与命与仁。（子罕第九·1章）

_____

17 子曰："辞达而已矣！"（卫灵公第十五·41章）

_____

> **专题小结**

不同的认知，构筑了每个人不同的世界观、人生观、价值观，形成了不同的行为方式和思维模式，演化出了不同的成长轨迹，勾勒出千姿百态的众生相。

有句流行语说，没有人能够赚得他认知以外的钱。人生破局成长的方法，就是不断提升、优化认知。

本专题中，孔子诲人不倦，与众弟子多番问答，让我们看到优秀的人思维方式如何不同凡响，让我们能够各有领受，辅助自己的人生成长路。

以坚定向道的不易之心，应对外在环境之变易，不断提升认知格局，探究无限精彩的人生，这就是"易识"的过程。

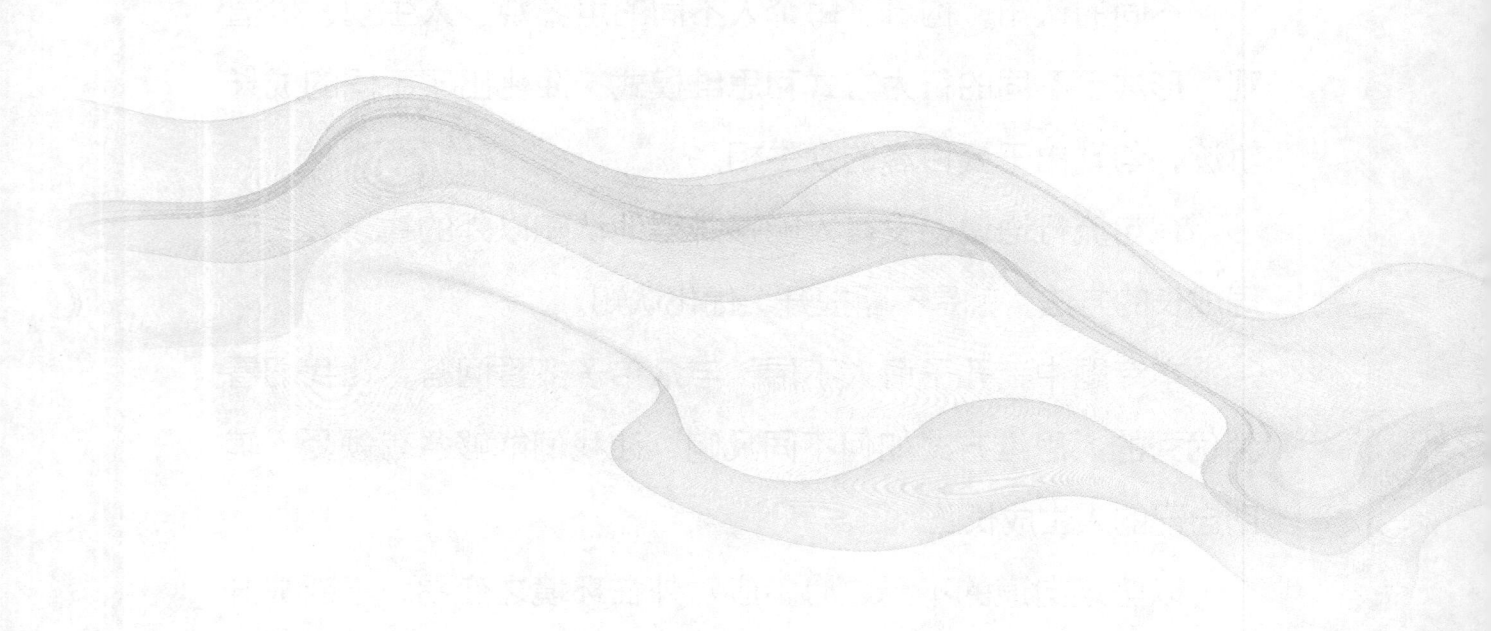

学后感悟

生命轮
里的《论语》印记

谷雨 益友专题

✦ 高山流水遇知音，共品人生千百味

雨的声音，泥土的呼吸，天地自然交互而信任。

人与人也是如此，有爱，有尊重，才会生发创造的能量。

读诵抄写

① 曾子曰："君子以文会友，以友辅仁。"（颜渊第十二·24章）

② 孔子曰："益者三友，损者三友：友直，友谅，友多闻，益矣；友便辟，友善柔，友便佞，损矣。"

（季氏第十六·4章）

❸ 孔子曰："益者三乐，损者三乐：乐节礼乐，乐道人之善，乐多贤友，益矣；乐骄乐，乐佚游，乐宴乐，损矣。"（季氏第十六·5章）

❹ 子游曰："事君数，斯辱矣。朋友数，斯疏矣。"
（里仁第四·26章）

❺ 子曰："爱之，能勿劳乎？忠焉，能勿诲乎？"
（宪问第十四·7章）

❻ 子贡问友。子曰:"忠告而善道之,不可则止,毋自辱焉。"(颜渊第十二·23章)

专题小结

你如何定义"朋友"这个概念？你选择朋友的标准是什么？朋友分很多种，有酒肉之交、利益之交，更有患难之交、莫逆之交……想想看，你身边的朋友哪一类居多？

孔子周游列国十四年，上至达官显贵下至隐士凡夫，阅人无数，故有"有朋自远方来，不亦乐乎"的慨叹，也许是希望我们在大千世界、茫茫人海中，能以平等包容之心，感恩每一次生命中的交集。此生遇见的每一个人，都在用其独特的存在丰富我们的人生体验，这就是"朋"的价值。

那么"友"呢？"君子以文会友，以友辅仁。"友，更侧重志同道合、心性相契。"友"的出现，是你自身生命发展的感召和吸引，是你追求自身生命价值的呈现和表达。

益友，并不是某种单一固化的人群。能够给你温暖爱护的长辈，帮你打开全新世界的伴侣，或是激发了你生命潜能的一人、一事、一物……都是值得感恩的益友！

人生本是一场从生到死的孤独之旅，愿行进中的你，虽孤独但不孤单，高山流水遇知音，共品人生千百味。

学后感悟

立夏 恒信专题

✦ 你是自己的主宰

长大，也许就是从某个心念笃定的瞬间开始的，如同一个火种被点燃。

读诵抄写

❶ 子曰："主忠信，毋友不如己者，过则勿惮改。"
（子罕第九·25章）

❷ 子曰："人而无信，不知其可也。大车无輗，小车无軏，其何以行之哉？"（为政第二·22章）

❸ 子曰："圣人，吾不得而见之矣！得见君子者，斯可矣。"子曰："善人，吾不得而见之矣！得见有恒者，斯可矣。亡而为有，虚而为盈，约而为泰，难乎有恒矣！"（述而第七·26章）

❹ 子曰："语之而不惰者，其回也与！"（子罕第九·20章）

❺ 子谓颜渊，曰："惜乎！吾见其进也，未见其止也！"（子罕第九·21章）

❻ 子曰:"譬如为山,未成一篑,止,吾止也!譬如平地,虽覆一篑,进,吾往也!"（子罕第九·19章）

❼ 子曰:"苗而不秀者,有矣夫!秀而不实者,有矣夫!"（子罕第九·22章）

❽ 子曰:"后生可畏,焉知来者之不如今也?四十、五十而无闻焉,斯亦不足畏也已!"（子罕第九·23章）

9 子曰："南人有言曰：'人而无恒，不可以作巫医。'善夫！""不恒其德，或承之羞。"子曰："不占而已矣。"（子路第十三·22章）

专题小结

　　问问自己：你相信什么？一个人，一份情感，一种理念，抑或你尚不确定这份"深信"归于何处？

　　孔子说，"人而无信，不知其可也"。"信"，真的有那么重要吗？孔子的解释是："大车无輗，小车无軏，其何以行之哉？"这里提到的"輗"和"軏"，是车辕和横木连接处的小插销。它们小到几乎可以忽略，但没有这小小的零件，车就会散架。先贤给我们留下了多么鲜活的比喻！

　　"信"不是大声喊出的口号，而是深藏于内心的实现身心合一、协调发展的关键。其实，每个人都会依信而行，之所以有时还不免纠结与困惑，原因就在于，我们不确定究竟信什么，以及能否恒常笃定。

　　信，归根结底，是相信与道相应、本自具足的自己。人生的路，终归是要自己走，在瞬息万变、复杂多元的尘世间，念念不忘，提醒自己："我有明珠一颗，久被尘劳关锁。今朝尘尽光生，照破山河万朵。"

　　你是否愿意相信，即便一时势单力孤，即使此刻一无所有，即便看似走投无路，只要你不放弃自己，常怀赤子之心，守住自信之道，你终究会活成自己的"王"？

学后感悟

小满 仕长专题

✦ **逢山开路，遇水架桥**

> 就像植物进入了灌浆期，生命在世间历练中逐渐积蓄起饱满的能量。

读诵抄写

① 子夏曰："仕而优则学，学而优则仕。"（子张第十九·13章）

② 子曰："三年学，不至于穀，不易得也。"（泰伯第八·12章）

③ 子曰："诵《诗》三百，授之以政，不达；使于四方，不能专对。虽多，亦奚以为？"（子路第十三·5章）

④ 子路使子羔为费宰。子曰:"贼夫人之子!"子路曰:"有民人焉,有社稷焉,何必读书,然后为学?"子曰:"是故恶夫佞者!"（先进第十一·25章）

⑤ 子曰:"吾尝终日不食,终夜不寝,以思,无益,不如学也。"（卫灵公第十五·31章）

⑥ 子张学干禄。子曰:"多闻阙疑,慎言其余,则寡尤;多见阙殆,慎行其余,则寡悔。言寡尤,行寡悔,禄在其中矣!"（为政第二·18章）

❼ 子张问仁于孔子。孔子曰："能行五者于天下，为仁矣。""请问之。"曰："恭，宽，信，敏，惠。恭则不侮，宽则得众，信则人任焉，敏则有功，惠则足以使人。"（阳货第十七·6章）

❽ 樊迟问知。子曰："务民之义，敬鬼神而远之，可谓知矣。"问仁。曰："仁者先难而后获，可谓仁矣。"（雍也第六·22章）

❾ 子曰:"恭而无礼则劳,慎而无礼则葸,勇而无礼则乱,直而无礼则绞。君子笃于亲,则民兴于仁;故旧不遗,则民不偷。"（泰伯第八·2章）

❿ 子曰:"上好礼,则民易使也。"（宪问第十四·41章）

⓫ 子曰:"民之于仁也,甚于水火。水火,吾见蹈而死者矣,未见蹈仁而死者也。"（卫灵公第十五·35章）

12 子曰："道千乘之国，敬事而信，节用而爱人，使民以时。"（学而第一·5章）

13 子曰："民可使由之，不可使知之。"（泰伯第八·9章）

14 子曰："'善人为邦百年，亦可以胜残去杀矣。'诚哉是言也！"（子路第十三·11章）

15 子曰："如有王者，必世而后仁。"（子路第十三·12章）

16 子曰："善人教民七年，亦可以即戎矣。"

（子路第十三·29章）

17 子曰："以不教民战，是谓弃之。"（子路第十三·30章）

18 子曰："苟有用我者，期月而已可也，三年有成。"
（子路第十三·10章）

19 子曰："不在其位，不谋其政。"（泰伯第八·14章）

20 子路问事君。子曰："勿欺也，而犯之。"
（宪问第十四·22章）

21 子曰："鄙夫可与事君也与哉？其未得之也，患得之；既得之，患失之。苟患失之，无所不至矣！"
（阳货第十七·15章）

22 子曰:"巧言乱德。小不忍,则乱大谋。"

（卫灵公第十五·27章）

23 子曰:"骥不称其力,称其德也。"（宪问第十四·33章）

24 子曰:"孟公绰为赵、魏老则优,不可以为滕、薛大夫。"（宪问第十四·11章）

25 子曰:"邦有道,危言危行；邦无道,危行言孙。"

（宪问第十四·3章）

26 子张问行。子曰:"言忠信,行笃敬,虽蛮貊之邦,行矣。言不忠信,行不笃敬,虽州里,行乎哉?立则见其参于前也,在舆则见其倚于衡也。夫然后行。"子张书诸绅。（卫灵公第十五·6章）

27 季康子问:"仲由可使从政也与?"子曰:"由也果,于从政乎何有?"曰:"赐也可使从政也与?"曰:"赐也达,于从政乎何有?"曰:"求也可使从政也与?"曰:"求也艺,于从政乎何有?"

（雍也第六·8章）

28 子路曰："卫君待子而为政，子将奚先？"子曰："必也正名乎！"子路曰："有是哉，子之迂也！奚其正？"子曰："野哉，由也！君子于其所不知，盖阙如也。名不正，则言不顺；言不顺，则事不成；事不成，则礼乐不兴；礼乐不兴，则刑罚不中；刑罚不中，则民无所错手足。故君子名之必可言也，言之必可行也。君子于其言，无所苟而已矣！"

（子路第十三·3章）

29 孔子曰："天下有道，则礼乐征伐自天子出；天下无道，则礼乐征伐自诸侯出。自诸侯出，盖十世希不失矣；自大夫出，五世希不失矣；陪臣执国命，三世希不失矣。天下有道，则政不在大夫；天下有道，则庶人不议。"（季氏第十六·2章）

30 孔子曰："禄之去公室，五世矣。政逮于大夫，四世矣。故夫三桓之子孙，微矣。"（季氏第十六·3章）

31 季氏将伐颛臾。冉有、季路见于孔子曰："季氏将有事于颛臾。"孔子曰："求！无乃尔是过与？夫颛臾，昔者先王以为东蒙主，且在邦域之中矣，是社稷之臣也，何以伐为？"冉有曰："夫子欲之，吾二臣者皆不欲也。"孔子曰："求！周任有言曰：'陈力就列，不能者止。'危而不持，颠而不扶，则将焉用彼相矣？且尔言过矣！虎兕出于柙，龟玉毁于椟中，是谁之过与？"冉有曰："今夫颛臾，固而近于费；今不取，后世必为子孙忧。"孔子曰："求！君子疾夫舍曰欲之，而必为之辞。丘也闻，有国有家者，不患寡而患不均，不患贫而患不安。盖均无贫，和无寡，安无倾。夫如是，故远人不服，则修文德以来之。既来之，则安之。今由与求也，相夫子，远人不服而不能来也，邦分崩离析而不能守也，而谋动干戈于邦内。吾恐季孙之忧，不在颛臾，而在萧墙之内也！"（季氏第十六·1章）

32 季康子问政于孔子曰:"如杀无道,以就有道,何如?"孔子对曰:"子为政,焉用杀?子欲善,而民善矣!君子之德风,小人之德草;草上之风,必偃。"(颜渊第十二·19章)

33 子曰:"臧武仲以防求为后于鲁,虽曰不要君,吾不信也。"(宪问第十四·14章)

34 季康子问政于孔子。孔子对曰:"政者,正也。子帅以正,孰敢不正?"（颜渊第十二·17章）

35 子曰:"其身正,不令而行;其身不正,虽令不从。"
（子路第十三·6章）

36 子曰:"苟正其身矣,于从政乎何有?不能正其身,如正人何?"（子路第十三·13章）

37 子曰:"为政以德,譬如北辰,居其所而众星共之。"
（为政第一·1章）

38 子曰："道之以政，齐之以刑，民免而无耻；道之以德，齐之以礼，有耻且格。"（为政第二·3章）

39 哀公问曰："何为则民服？"孔子对曰："举直错诸枉，则民服；举枉错诸直，则民不服。"（为政第二·19章）

40 季康子问："使民敬忠以劝，如之何？"子曰："临之以庄，则敬；孝慈，则忠；举善而教不能，则劝。"

（为政第二·20章）

41 定公问："一言而可以兴邦，有诸？"孔子对曰："言不可以若是其几也！人之言曰：'为君难，为臣不易。'如知为君之难也，不几乎一言而兴邦乎？"曰："一言而丧邦，有诸？"孔子对曰："言不可以若是其几也！人之言曰：'予无乐乎为君，唯其言而莫予违也。'如其善而莫之违也，不亦善乎？如不善而莫之违也，不几乎一言而丧邦乎？"

（子路第十三·15章）

42 哀公问于有若曰："年饥，用不足，如之何？"有若对曰："盍彻乎？"曰："二，吾犹不足，如之何其彻也？"对曰："百姓足，君孰与不足？百姓不足，君孰与足？"（颜渊第十二·9章）

43 子贡问政。子曰："足食，足兵，民信之矣。"子贡曰："必不得已而去，于斯三者何先？"曰："去兵。"子贡曰："必不得已而去，于斯二者何先？"曰："去食。自古皆有死，民无信不立。"

（颜渊第十二·7章）

44 叶公问政。子曰："近者说，远者来。"（子路第十三·16章）

45 子路问政。子曰："先之，劳之。"请益。曰："无倦。"（子路第十三·1章）

46 子张问政。子曰："居之无倦，行之以忠。"
（颜渊第十二·14章）

47 仲弓为季氏宰，问政。子曰："先有司，赦小过，举贤才。"曰："焉知贤才而举之？"曰："举尔所知，尔所不知，人其舍诸？"（子路第十三·2章）

48 子夏为莒父宰,问政。子曰:"无欲速,无见小利。欲速则不达,见小利则大事不成。"（子路第十三·17章）

49 阙党童子将命。或问之曰:"益者与?"子曰:"吾见其居于位也,见其与先生并行也,非求益者也,欲速成者也。"（宪问第十四·44章）

50 子游为武城宰。子曰:"女得人焉尔乎?"曰:"有澹台灭明者,行不由径,非公事,未尝至于偃之室也。"

（雍也第六·14章）

51 子使漆雕开仕。对曰："吾斯之未能信。"子说。

（公冶长第五·6章）

52 樊迟请学稼。子曰："吾不如老农。"请学为圃。曰："吾不如老圃。"樊迟出。子曰："小人哉，樊须也！上好礼，则民莫敢不敬；上好义，则民莫敢不服；上好信，则民莫敢不用情。夫如是，则四方之民襁负其子而至矣，焉用稼？"（子路第十三·4章）

专题小结

在当今时代，我们应该用什么样的方式理解和运用生命更深层次的智慧？

对于经典的传承与研习，如果只是局限于文字本身的解读，就容易产生隔阂和割裂。

例如本专题中，当提到"为政""出仕"的概念时，大家首先想到的，可能是从政为官和仕途规则。而孔子告诉我们："政者，正也。"这里提到的为政，也许并不单指"为官"这种社会职业，最为核心的，是导向生命共性的修正状态。

没有人不希望自己的价值被周遭认可，被社会肯定。所以，"仕长"，就是以恒信笃定的仁德不变之性，通过"仕而优则学，学而优则仕"这个闻思修证、互为促进验证的递进循环，不断长进，发现生命价值的动态过程。

中华文明就是我们人生发展的底色，它蕴含在每个个体生命中。有了集体的文化自信，我们就敢于在社会激荡中去拼搏和创造，绽放本具的光明心性，逢山开路、遇水架桥，创造自身独特的生命价值。

学后感悟

芒种 立志专题

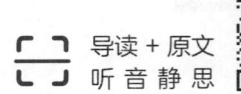

✦ **没有什么能够阻挡，你对自由的向往**

当心中"种下"志向，生命将由此感知光的指引，这是我们共创新世界的开始。

读诵抄写

❶ 子曰："吾十有五而志于学，三十而立，四十而不惑，五十而知天命，六十而耳顺，七十而从心所欲，不逾矩。"（为政第二·4章）

❷ 子曰："不患无位，患所以立。不患莫己知，求为可知也。"（里仁第四·14章）

❸ 子曰："不曰'如之何，如之何'者，吾末如之何也已矣！"（卫灵公第十五·15章）

❹ 子路、曾皙、冉有、公西华侍坐。子曰："以吾一日长乎尔，毋吾以也。居则曰：'不吾知也！'如或知尔，则何以哉？"子路率尔而对曰："千乘之国，摄乎大国之间，加之以师旅，因之以饥馑，由也为之，比及三年，可使有勇，且知方也。"夫子哂之。

"求，尔何如？"对曰："方六七十，如五六十，求也为之，比及三年，可使足民；如其礼乐，以俟君子。""赤，尔何如？"对曰："非曰能之，愿学焉！宗庙之事，如会同，端章甫，愿为小相焉。""点，尔何如？"鼓瑟希，铿尔，舍瑟而作，对曰："异乎三子者之撰。"子曰："何伤乎？亦各言其志也。"曰："莫春者，春服既成，冠者五六人，童子六七人，浴乎沂，风乎舞雩，咏而归。"

夫子喟然叹曰："吾与点也！"三子者出，曾晳后。曾晳曰："夫三子者之言何如？"子曰："亦各言其志也已矣！"曰："夫子何哂由也？"曰："为国以礼，其言不让，是故哂之。""唯求则非邦也与？""安见方六七十，如五六十，而非邦也者？""唯赤则非邦也与？""宗庙会同，非诸侯而何？赤也为之小，孰能为之大！"（先进第十一·26章）

❺ 颜渊、季路侍。子曰:"盍各言尔志?"子路曰:"愿车马、衣轻裘,与朋友共,敝之而无憾。"颜渊曰:"愿无伐善,无施劳。"子路曰:"愿闻子之志。"子曰:"老者安之,朋友信之,少者怀之。"

(公冶长第五·26章)

❻ 子曰:"三军可夺帅也,匹夫不可夺志也。"

(子罕第九·26章)

❼ 子曰:"岁寒,然后知松柏之后凋也。"（子罕第九·28章）

专题小结

你明白什么是"立志"吗？只是设定找一份好工作、买一个大房子诸如此类的目标吗？

"吾十有五而志于学，三十而立，四十而不惑，五十而知天命，六十而耳顺，七十而从心所欲，不逾矩。"孔子用他波折的一生为我们留下了一份可供借鉴的"生命成长说明书"。

无论出身如何，无论境遇怎样，只要敢于把格局拉大，敢于承担使命，敢于立下"老者安之，朋友信之，少者怀之"的天下之志，敢于施展燃烧自己、照亮别人的抱负全力以赴，就一定可以迸发出蓬勃的生命能量。即便在乱世之下，在颠沛流离之中，依然可以跨越千年，产生巨大的影响。这就是孔子告诉我们的"立志"的价值和意义。

敢于从世俗的琐碎中超拔出来，用更大的维度、格局提升自己的生命价值，敢于踏入虚无困顿，淬炼自己的生命质量，就没有什么能够阻挡，你对自由的向往。

一个被信念之光照耀的人，定会锚定目标，全力以赴，从不动摇。在此过程中，也许受到阻碍，可能遇到歧路，但他不会碍于诱惑或考验而止步不前。这就是"立志"。

希望你也能通过"立志"，找到心中那个真实的自我，奔向生命的自由。

学后感悟

生命年轮里的《论语》印记

夏至 格中专题

✦ 改变，为了心中不变

白昼与黑夜并非对立，即使那最长的日与最短的夜，也是为了于一增一减的交互中步步向前。

读诵抄写

❶ 子曰："君子不器。"（为政第二·12章）

❷ 子之燕居，申申如也，夭夭如也。（述而第七·4章）

❸ 子曰："视其所以，观其所由，察其所安，人焉廋哉！人焉廋哉！"（为政第二·10章）

❹ 子曰："众恶之，必察焉；众好之，必察焉。"

（卫灵公第十五·28章）

❺ 子曰："觚不觚，觚哉觚哉！" （雍也第六·25章）

❻ 季文子三思而后行。子闻之，曰："再，斯可矣！"

（公冶长第五·20章）

> **专题小结**

在生命的成长过程中，人生的宏伟蓝图逐渐清晰，接下来便是践行了。"行"守中，也就是不偏航、不迷路，这正是儒家推崇的"中庸之道"。儒家思想作为一门入世哲学，鼓励我们在现实实践中去修养和学习，也即"格物致知"。于格物践行的过程中，方能心领神会"中"的奥义。

比如开车的时候，双手要时不时地左右微调方向盘，若一动不动，车反而会越跑越偏。你看，所谓"持中"，就是在运动变化的过程中不断调整修正的状态。所以，格物，是洞察万事万物而得其"中"，也就是明了"度"的把握。

孔子说，"君子不器"。君子不会固化自我认知，不会一成不变，从而"申申如也，夭夭如也"，显出自如从容的气质；君子也不会固化对人、事、物的认知评判，而是"视其所以，观其所由，察其所安"，观人察事，看其背景，观其由来，察其动机，重视透过现象看本质的省察功夫。

任何的"变"都要抓住其"不变"的本质，比如孔子感叹"觚不觚，觚哉觚哉"，不管形态是否变化，其功用价值不变才是核心要义。正如一首流行歌曲所唱的："我做了那么多改变，只是为了我心中不变。"

学后感悟

生命年轮
里的《论语》印记

小暑 君子专题

✦ **让理想照亮现实**

　　激活内心的君子品性，让自己的世界因心存理想而变得丰润，一如盛夏般蓬勃蒸腾。

读诵抄写

❶ 子谓子产，"有君子之道四焉：其行己也恭，其事上也敬，其养民也惠，其使民也义。"（公冶长第五·16章）

❷ 子曰："君子道者三，我无能焉：仁者不忧，知者不惑，勇者不惧。"子贡曰："夫子自道也！"

（宪问第十四·28章）

❸ 子夏曰:"君子有三变:望之俨然,即之也温,听其言也厉。"（子张第十九·9章）

❹ 子曰:"君子贞而不谅。"（卫灵公第十五·37章）

❺ 子曰:"君子矜而不争,群而不党。"（卫灵公第十五·22章）

❻ 子曰:"不在其位,不谋其政。"曾子曰:"君子思不出其位。"（宪问第十四·26章）

❼ 子曰:"君子疾没世而名不称焉。"（卫灵公第十五·20章）

❽ 子贡问君子。子曰:"先行其言,而后从之。"
（为政第二·13章）

9 子曰:"君子耻其言而过其行。"（宪问第十四·27章）

10 孔子曰:"君子有九思:视思明,听思聪,色思温,貌思恭,言思忠,事思敬,疑思问,忿思难,见得思义。"（季氏第十六·10章）

11 子曰:"君子不以言举人,不以人废言。"

（卫灵公第十五·23章）

12 子曰:"君子欲讷于言而敏于行。"（里仁第四·24章）

13 子曰:"君子无所争,必也射乎!揖让而升,下而饮,其争也君子。"（八佾第三·7章）

14 子曰:"君子博学于文,约之以礼,亦可以弗畔矣夫!"（雍也第六·27章）

15 子曰:"君子食无求饱,居无求安,敏于事而慎于言,就有道而正焉,可谓好学也已。"（学而第一·14章）

16 子曰："富与贵，是人之所欲也，不以其道得之，不处也。贫与贱，是人之所恶也，不以其道得之，不去也。君子去仁，恶乎成名？君子无终食之间违仁，造次必于是，颠沛必于是。"（里仁第四·5章）

17 子曰："君子谋道不谋食。耕也，馁在其中矣。学也，禄在其中矣。君子忧道不忧贫。"（卫灵公第十五·32章）

⑱ 南宫适问于孔子曰："羿善射，奡荡舟，俱不得其死然。禹、稷躬稼而有天下。"夫子不答。南宫适出，子曰："君子哉若人！尚德哉若人！"

（宪问第十四·5章）

⑲ 子夏曰："虽小道，必有可观者焉，致远恐泥，是以君子不为也。"（子张第十九·4章）

⑳ 子夏曰："君子信而后劳其民；未信，则以为厉己也。信而后谏；未信，则以为谤己也。"

（子张第十九·10章）

21 子路问君子。子曰:"修己以敬。"曰:"如斯而已乎?"曰:"修己以安人。"曰:"如斯而已乎?"曰:"修己以安百姓。修己以安百姓,尧、舜其犹病诸!"

（宪问第十四·42章）

22 子曰:"君子之于天下也,无适也,无莫也,义之与比。"（里仁第四·10章）

23 子曰:"君子义以为质,礼以行之,孙以出之,信以成之,君子哉!"（卫灵公第十五·18章）

24 子曰："直哉史鱼！邦有道，如矢；邦无道，如矢。君子哉蘧伯玉！邦有道，则仕；邦无道，则可卷而怀之。"（卫灵公第十五·7章）

25 孔子曰："君子有三畏：畏天命，畏大人，畏圣人之言。小人不知天命而不畏也，狎大人，侮圣人之言。"（季氏第十六·8章）

26 子曰："君子不可小知，而可大受也。小人不可大受，而可小知也。"（卫灵公第十五·34章）

27 子曰:"君子和而不同,小人同而不和。"

（子路第十三·23章）

28 子曰:"君子周而不比,小人比而不周。"（为政第二·14章）

29 子曰:"君子坦荡荡,小人长戚戚。"（述而第七·37章）

30 子曰:"君子泰而不骄,小人骄而不泰。"

（子路第十三·26章）

31 子曰:"君子求诸己,小人求诸人。"（卫灵公第十五·21章）

32 子曰:"君子喻于义,小人喻于利。"（里仁第四·16章）

33 子曰:"君子上达,小人下达。"（宪问第十四·23章）

34 子曰:"君子怀德,小人怀土。君子怀刑,小人怀惠。"
（里仁第四·11章）

35 子曰:"君子成人之美,不成人之恶。小人反是。"
（颜渊第十二·16章）

36 子谓子夏曰:"女为君子儒,无为小人儒。"
（雍也第六·13章）

37 子路曰:"君子尚勇乎？"子曰:"君子义以为上。君子有勇而无义为乱,小人有勇而无义为盗。"
（阳货第十七·23章）

38 子曰："君子易事而难说也。说之不以道，不说也；及其使人也，器之。小人难事而易说也。说之虽不以道，说也；及其使人也，求备焉。"（子路第十三·25章）

39 卫灵公问陈于孔子。孔子对曰："俎豆之事，则尝闻之矣；军旅之事，未之学也。"明日遂行。

（卫灵公第十五·1章）

40 在陈绝粮。从者病，莫能兴。子路愠见曰："君子亦有穷乎？"子曰："君子固穷，小人穷斯滥矣。"

（卫灵公第十五·2章）

41 子之武城，闻弦歌之声。夫子莞尔而笑，曰："割鸡焉用牛刀？"子游对曰："昔者，偃也闻诸夫子曰：'君子学道则爱人，小人学道则易使也。'"子曰："二三子！偃之言是也。前言戏之耳！"

（阳货第十七·4章）

42 子贡曰："君子亦有恶乎？"子曰："有恶，恶称人之恶者，恶居下流而讪上者，恶勇而无礼者，恶果敢而窒者。"曰："赐也亦有恶乎？""恶徼以为知者，恶不孙以为勇者，恶讦以为直者。"

（阳货第十七·24章）

43 子贡曰:"君子之过也,如日月之食焉。过也,人皆见之;更也,人皆仰之。"（子张第十九·21章）

44 孔子曰:"侍于君子有三愆:言未及之而言,谓之躁;言及之而不言,谓之隐;未见颜色而言,谓之瞽。"（季氏第十六·6章）

45 孔子曰:"君子有三戒:少之时,血气未定,戒之在色;及其壮也,血气方刚,戒之在斗;及其老也,血气既衰,戒之在得。"（季氏第十六·7章）

专题小结

你觉得自己离"君子"有多远?

《论语》中对于君子的描述多元而丰满,呈现了人性中美好的特质,成为千百年来中国人人格修养可依可循的准则。

其实,"君子"不是静止的称谓名词,而是运动着的生命态度。孔子所认可的"君子",是很多具有不同性格、身处不同境遇、拥有不同特长的人,他们各自在不同的时空呈现出了人性的闪光点。诸多面相中,总有一款可以印证当下的你,也就是说,每个人都有机会找到自己内心深处本自具足的君子心性。

你不必完美,只要不断找到自己的本心,见证自己的成长,你就会活出自己的"君子态"。在天地之间,以厚德载物之精神接纳包容现实中那个小小的你,以自强不息之精神勇于突破和成长,不断接近自己理想中那个大大的你。

学修君子,就是勇于做一个理想主义者,然后用理想之光去照亮现实之路。

学后感悟

大暑 师士专题

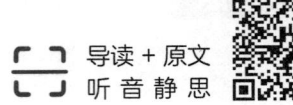

✦ 对这土地爱得深沉

> 热爱，便会彰显出沸腾滚烫的真性情。
> 想要惠泽别人，先做强大的自己。

读诵抄写

① 周有八士：伯达、伯适、仲突、仲忽、叔夜、叔夏、季随、季骅。（微子第十八·11章）

❷ 子贡问曰:"何如斯可谓之士矣?"子曰:"行己有耻,使于四方,不辱君命,可谓士矣。"曰:"敢问其次。"曰:"宗族称孝焉,乡党称弟焉。"曰:"敢问其次。"曰:"言必信,行必果,硁硁然,小人哉!抑亦可以为次矣。"曰:"今之从政者何如?"子曰:"噫!斗筲之人,何足算也!"（子路第十三·20章）

❸ 子张曰:"士见危致命,见得思义,祭思敬,丧思哀,其可已矣。"（子张第十九·1章）

❹ 子曰:"志士仁人,无求生以害仁,有杀身以成仁。"（卫灵公第十五·9章）

❺ 曾子曰:"士不可以不弘毅,任重而道远。仁以为己任,不亦重乎！死而后已,不亦远乎！"

（泰伯第八·7章）

6 子曰："士而怀居，不足以为士矣！"（宪问第十四·2章）

7 子张曰："执德不弘，信道不笃，焉能为有？焉能为亡？"（子张第十九·2章）

8 子曰："德不孤，必有邻。"（里仁第四·25章）

9 子路问曰："何如斯可谓之士矣？"子曰："切切偲偲，怡怡如也，可谓士矣。朋友切切偲偲，兄弟怡怡。"（子路第十三·28章）

❿ 子张问:"士何如斯可谓之达矣?"子曰:"何哉,尔所谓达者?"子张对曰:"在邦必闻,在家必闻。"子曰:"是闻也,非达也。夫达也者:质直而好义,察言而观色,虑以下人。在邦必达,在家必达。夫闻也者:色取仁而行违,居之不疑。在邦必闻,在家必闻。"（颜渊第十二·20章）

⓫ 子曰:"士志于道,而耻恶衣恶食者,未足与议也!"（里仁第四·9章）

12 子夏曰:"百工居肆以成其事,君子学以致其道。"

(子张第十九·7章)

13 子贡问为仁。子曰:"工欲善其事,必先利其器。居是邦也,事其大夫之贤者,友其士之仁者。"

(卫灵公第十五·10章)

14 子曰:"博学于文,约之以礼,亦可以弗畔矣夫。"

(颜渊第十二·15章)

15 子贡问曰:"孔文子何以谓之'文'也?"子曰:"敏而好学,不耻下问,是以谓之'文'也。"

(公冶长第五·15章)

16 子曰："不逆诈，不亿不信，抑亦先觉者，是贤乎！"
（宪问第十四·31章）

17 子曰："贤哉回也！一箪食，一瓢饮，在陋巷，人不堪其忧，回也不改其乐。贤哉回也！"（雍也第六·11章）

18 子谓公冶长，"可妻也，虽在缧绁之中，非其罪也。"以其子妻之。（公冶长第五·1章）

19 子谓南容，"邦有道，不废；邦无道，免于刑戮。"以其兄之子妻之。（公冶长第五·2章）

20 子曰："由，知德者鲜矣！"（卫灵公第十五·4章）

21 子曰："吾未见好德如好色者也！"（子罕第九·18章）

22 子曰："德之不修，学之不讲，闻义不能徙，不善不能改，是吾忧也。"（述而第七·3章）

23 子曰："群居终日，言不及义，好行小慧，难矣哉！"（卫灵公第十五·17章）

24 孔子曰："'见善如不及，见不善如探汤。'吾见其人矣，吾闻其语矣！'隐居以求其志，行义以达其道。'吾闻其语矣，未见其人也！"（季氏第十六·11章）

25 子曰："学如不及，犹恐失之！"（泰伯第八·17章）

26 子曰："不得中行而与之，必也狂狷乎！狂者进取，狷者有所不为也。"（子路第十三·21章）

27 子在陈曰："归与！归与！吾党之小子狂简，斐然成章，不知所以裁之！"（公冶长第五·22章）

28 柴也愚，参也鲁，师也辟，由也喭。（先进第十一·18章）

29 闵子侍侧，訚訚如也；子路，行行如也；冉有、子贡，侃侃如也。子乐。"若由也，不得其死然。"

（先进第十一·13章）

30 子贡问："师与商也孰贤？"子曰："师也过，商也不及。"曰："然则师愈与？"子曰："过犹不及。"

（先进第十一·16章）

31 子曰："回也其庶乎！屡空。赐不受命而货殖焉，亿则屡中。"（先进第十一·19章）

32 子贡问曰："赐也何如？"子曰："女器也。"曰："何器也？"曰："瑚琏也。"（公冶长第五·4章）

33 子贡问曰："乡人皆好之，何如？"子曰："未可也。""乡人皆恶之，何如？"子曰："未可也。不如乡人之善者好之，其不善者恶之。"（子路第十三·24章）

34 子路问:"闻斯行诸?"子曰:"有父兄在,如之何其闻斯行之!"冉有问:"闻斯行诸?"子曰:"闻斯行之!"公西华曰:"由也问闻斯行诸,子曰'有父兄在'。求也问闻斯行诸,子曰'闻斯行之'。赤也惑,敢问。"子曰:"求也退,故进之;由也兼人,故退之。"（先进第十一·22章）

35 冉求曰:"非不说子之道,力不足也。"子曰:"力不足者,中道而废,今女画。"（雍也第六·12章）

36 宰予昼寝。子曰:"朽木不可雕也,粪土之墙不可杇也。于予与何诛!"子曰:"始吾于人也,听其言而信其行。今吾于人也,听其言而观其行。于予与改是!"（公冶长第五·10章）

37 宰我问曰:"仁者,虽告之曰:'井有仁焉。'其从之也?"子曰:"何为其然也?君子可逝也,不可陷也;可欺也,不可罔也。"（雍也第六·26章）

㊳ 子曰："道听而途说，德之弃也！"（阳货第十七·14章）

㊴ 子曰："乡愿，德之贼也！"（阳货第十七·13章）

㊵ 子曰："巧言令色，鲜矣仁。"（阳货第十七·17章）

㊶ 曾子有疾，召门弟子曰："启予足！启予手！《诗》云：'战战兢兢，如临深渊，如履薄冰。'而今而后，吾知免夫！小子！"（泰伯第八·3章）

119

42 曾子有疾，孟敬子问之。曾子言曰："鸟之将死，其鸣也哀；人之将死，其言也善。君子所贵乎道者三：动容貌，斯远暴慢矣；正颜色，斯近信矣；出辞气，斯远鄙倍矣。笾豆之事，则有司存。"

（泰伯第八·4章）

43 曾子曰："以能问于不能，以多问于寡，有若无，实若虚，犯而不校。昔者吾友尝从事于斯矣。"

（泰伯第八·5章）

44 曾子曰:"可以托六尺之孤,可以寄百里之命,临大节而不可夺也。君子人与?君子人也!"

（泰伯第八·6章）

45 子谓仲弓,曰:"犁牛之子骍且角,虽欲勿用,山川其舍诸?"（雍也第六·6章）

46 子曰:"温故而知新,可以为师矣。"（为政第二·11章）

47 子曰:"当仁不让于师。"（卫灵公第十五·36章）

> **专题小结**

当生活困顿无着时,你找到依托了吗?

儒家倡导"士不可以不弘毅,任重而道远"的士人精神。《大学》中讲修身、齐家、治国、平天下,在儒家思想中,个人的修身一直与家国情怀紧密相连。也许有些人会说,人生充满艰难考验,作为平凡的个体,自己过好自己的小日子才是务实之举,社会或国家的重大责任离自己太遥远了。其实,所谓士人精神与家国情怀,并不是要放弃自我去投入奉献,而恰恰是依托家国天下所承载的格局境界,追溯每个个体的本源,为个体生命找到生发的动力和成长的空间,以此最大限度地激活个体生命价值。

在不断突破自我认知局限,去建树全新格局境界的过程中,你就可以体会"温故而知新,可以为师矣"的内涵。这里的"师",早已超越概念层面,成为一个连续不断、层层超拔的动态发展过程。没有任何人可以用任何固定标准来限制你无限发展的可能。

孔子在言传身教中提醒我们:为师、为士的修行过程,不是外在的标榜,而是内在的发现。在"致广大而尽精微"的探索过程中,把个人价值深植于广袤的大地,从万事万物里找到关联,大地必将回馈以充沛而丰润的养料供给个体生命的成长。"我心即宇宙,宇宙即我心"的奥妙正在其中。

学后感悟

立秋 省新专题

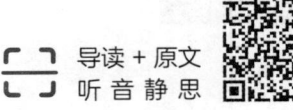

✦ 阴阳兼备才完整

走了太久，该停下来修整一下。

一如知秋的叶，敏锐而细腻地总结过往、觉知未来。

读诵抄写

❶ 子曰："见贤思齐焉，见不贤而内自省也。"

（里仁第四·17章）

❷ 子曰："人之过也，各于其党。观过，斯知仁矣。"

（里仁第四·7章）

❸ 子曰："过而不改，是谓过矣！"

（卫灵公第十五·30章）

❹ 子夏曰:"小人之过也必文。"（子张第十九·8章）

❺ 子曰:"不有祝鮀之佞，而有宋朝之美，难乎免于今之世矣。"（雍也第六·16章）

❻ 或曰:"雍也仁而不佞。"子曰:"焉用佞？御人以口给，屡憎于人。不知其仁，焉用佞？"（公冶长第五·5章）

❼ 子曰:"巧言、令色、足恭，左丘明耻之，丘亦耻之。匿怨而友其人，左丘明耻之，丘亦耻之。"

（公冶长第五·25章）

❽ 子张问崇德，辨惑。子曰："主忠信，徙义，崇德也。爱之欲其生，恶之欲其死；既欲其生，又欲其死，是惑也！（'诚不以富，亦只以异。'）"

（颜渊第十二·10章）

❾ 樊迟从游于舞雩之下，曰："敢问崇德，修慝，辨惑。"子曰："善哉问！先事后得，非崇德与？攻其恶，无攻人之恶，非修慝与？一朝之忿，忘其身以及其亲，非惑与？" （颜渊第十二·21章）

❿ 司马牛问君子。子曰:"君子不忧不惧。"曰:"不忧不惧,斯谓之君子已乎?"子曰:"内省不疚,夫何忧何惧!"（颜渊第十二·4章）

⓫ 子贡曰:"纣之不善,不如是之甚也。是以君子恶居下流,天下之恶皆归焉。"（子张第十九·20章）

⓬ 子曰:"躬自厚,而薄责于人,则远怨矣!"

（卫灵公第十五·15章）

⑬ 蘧伯玉使人于孔子。孔子与之坐而问焉，曰："夫子何为？"对曰："夫子欲寡其过而未能也。"使者出。子曰："使乎！使乎！"（宪问第十四·25章）

⑭ 曾子曰："吾日三省吾身：为人谋而不忠乎？与朋友交而不信乎？传不习乎？"（学而第一·4章）

⑮ 子路有闻，未之能行，唯恐有闻。（公冶长第五·14章）

⑯ 子曰："古者言之不出，耻躬之不逮也。"（里仁第四·22章）

⓱ 微生亩谓孔子曰："丘何为是栖栖者与？无乃为佞乎？"孔子曰："非敢为佞也，疾固也。"

（宪问第十四·32章）

⓲ 子曰："已矣乎！吾未见能见其过而内自讼者也。"

（公冶长第五·27章）

专题小结

你是如何自省的？

孔子提醒我们："人之过也，各于其党。观过，斯知仁矣。"观过自省不是简单地评判是非对错，人们言行的背后都有其特定的原因与动机，所以说"人之过也，各于其党"。

那为什么要"观过"呢？其目的在于"自新"，见贤思齐，打破自己是为了重塑自己、焕发新生。通过自省而达到自新的拓展生发，与通过自责而陷入自卑的内耗循环是截然不同的。

所有体验、感受都可以扩充心性、打开心量。若固执于好与坏的单一概念，就舍本逐末了。《中庸》有言："喜怒哀乐之未发，谓之中；发而皆中节，谓之和。"所以先贤不否定、不批判个人的过往经历，不否定、不批判任何情绪，而是引导我们基于已发生的一切，更好地洞察自我、提升心性，进而步履坚实地拾级而上。

当司马牛请教君子最大的特点是什么时，孔子回答：君子因内省不疚，而呈现出无所忧惧的气质。于不完美中，接纳缺陷，跨越边界，在层层新生中，不断收获生命觉悟的自信与自由。

学后感悟

处暑 三达专题

✦ "三"的奥妙

> 依据仁德，开启智慧，勇往直前。
> 一路走来，危难险峰亦是旖旎风光。

读诵抄写

❶ 子曰："知者乐水，仁者乐山。知者动，仁者静。知者乐，仁者寿。"（雍也第六·23章）

❷ 子曰："里仁为美。择不处仁，焉得知？"（里仁第四·1章）

❸ 子曰："不仁者，不可以久处约，不可以长处乐。仁者安仁，知者利仁。"（里仁第四·2章）

❹ 子曰："我未见好仁者，恶不仁者。好仁者，无以尚之；恶不仁者，其为仁矣，不使不仁者加乎其身。有能一日用其力于仁矣乎？我未见力不足者。盖有之矣，我未之见也！"（里仁第四·6章）

❺ 子曰："回也，其心三月不违仁。其余，则日月至焉而已矣。"（雍也第六·7章）

❻ 子曰："唯仁者能好人，能恶人。"（里仁第四·3章）

❼ 子曰："巧言令色，鲜矣仁。"（学而第一·3章）

❽ 司马牛问仁。子曰："仁者，其言也讱。"曰："其言也讱，斯谓之仁已乎？"子曰："为之难，言之得无讱乎？"（颜渊第十二·3章）

❾ 孟武伯问："子路仁乎？"子曰："不知也。"又问。子曰："由也，千乘之国，可使治其赋也；不知其仁也。""求也何如？"子曰："求也，千室之邑，百乘之家，可使为之宰也；不知其仁也。""赤也何如？"子曰："赤也，束带立于朝，可使与宾客言也；不知其仁也。"（公冶长第五·8章）

❿ 子曰："由，诲女知之乎！知之为知之，不知为不知，是知也。"（为政第二·17章）

⓫ 子曰："道不行，乘桴浮于海，从我者，其由与？"子路闻之喜。子曰："由也好勇过我，无所取材。"

（公冶长第五·7章）

⓬ 子曰："有德者必有言，有言者不必有德。仁者必有勇，勇者不必有仁。"（宪问第十四·4章）

⓭ 子曰："知者不惑，仁者不忧，勇者不惧。"

（子罕第九·29章）

专题小结

阻碍我们发展前进的，多是疑惑、焦虑和恐惧。子曰："知者不惑，仁者不忧，勇者不惧。"如果能参透知、仁、勇三个字的奥妙，我们的人生是不是就充满了光明与欢喜？如何才能做到？它们彼此间是什么关系？

孔子循循善诱，将"知"与"仁"比喻为自然界中的水与山。知者乐水，水透彻清明、随缘应物；仁者乐山，山沉稳笃定、坚忍包容。一动一静，彰显着人生的悦乐华彩与恒定沉着。

找准了人生修行的"知"与"仁"这两个基本点，还需要一个助力，才能持续提供动能，达至化生万有的正向循环，这就是"勇"。发挥无可阻挡之力，勇往直前，不断调动"知"与"仁"互为作用，达到极致状态，优化进阶。三者一体，方可通达无碍，无限发展。

愿你依据仁德，开启智慧，勇往直前，达至人生无限精彩的妙境。

学后感悟

白露 忠恕专题

✦ **过不伪善的人生**

　　如晶莹剔透的露珠，纯净的内心，方能折射出闪光而多彩的世界。

读诵抄写

❶ 子曰："参乎！吾道一以贯之。"曾子曰："唯。"子出，门人问曰："何谓也？"曾子曰："夫子之道，忠恕而已矣！"（里仁第四·15章）

❷ 子曰："射不主皮，为力不同科，古之道也。"

（八佾第三·16章）

❸ 子曰："攻乎异端，斯害也已。"（为政第二·16章）

❹ 子曰："听讼，吾犹人也。必也使无讼乎！"
（颜渊第十二·13章）

❺ 子曰："片言可以折狱者，其由也与！"子路无宿诺。（颜渊第十二·12章）

❻ 子贡问曰："有一言而可以终身行之者乎？"子曰："其恕乎！己所不欲，勿施于人。"（卫灵公第十五·24章）

7 子张问曰:"令尹子文,三仕为令尹,无喜色。三已之,无愠色。旧令尹之政,必以告新令尹。何如?"子曰:"忠矣。"曰:"仁矣乎?"曰:"未知。焉得仁?""崔子弑齐君,陈文子有马十乘,弃而违之。至于他邦,则曰:'犹吾大夫崔子也!'违之。之一邦,则又曰:'犹吾大夫崔子也!'违之。何如?"子曰:"清矣。"曰:"仁矣乎?"曰:"未知。焉得仁?"(公冶长第五·19章)

❽ 樊迟问仁。子曰:"居处恭,执事敬,与人忠。虽之夷狄,不可弃也。"（子路第十三·19章）

专题小结

何为"忠"？何为"恕"？

"恕"，从字形看，就是如心，指拥有推己及人的同理心和共情力，不是简单无谓地宽容或原谅。经典传习，是要启发我们随经典而行，明荣辱、知进退，调动自己的智慧，去做一个周正的人。

"忠"，从字形看，是中心。曾子曰："为人谋而不忠乎？"做事情，不能推诿逃避，不能和稀泥，不能敷衍草率，而应不自欺不欺人，不被外界的纷繁复杂所困扰，不被表面现象所蒙蔽，在扎实深入的实践中做到守正持中，能做到这些，就是"忠"。

无论是推己及人的"如是心"，还是守正持中的"中正心"，"忠恕"二字告诉我们，淬炼仁德之性首先是每个人对自己内心的交代。

真实地面对自己的内心，如《大学》所言"诚意""正心"，过不伪善的人生，才能见证心力的强大。这份奥妙，蕴藏在"忠恕"的内外合一之间。

学后感悟

秋分 时应专题

✦ **行住坐卧见真章**

如昼夜交替有长短有平分，谐和的妙处就在这动态平衡间。
于起心动念处安其位，行其道，顺应天时。

读诵抄写

① 色斯举矣，翔而后集。曰："山梁雌雉，时哉时哉！"子路共之，三嗅而作。（乡党第十·27章）

② 邦君之妻，君称之曰"夫人"，夫人自称曰"小童"；邦人称之曰"君夫人"，称诸异邦曰"寡小君"；异邦人称之亦曰"君夫人"。（季氏第十六·14章）

❸ 子曰："雍也可使南面。"（雍也第六·1章）

❹ 仲弓问子桑伯子。子曰："可也简。"仲弓曰："居敬而行简，以临其民，不亦可乎？居简而行简，无乃大简乎？"子曰："雍之言然。"（雍也第六·2章）

❺ 子谓颜渊曰："用之则行，舍之则藏，惟我与尔有是夫！"子路曰："子行三军，则谁与？"子曰："暴虎冯河，死而无悔者，吾不与也。必也临事而惧，好谋而成者也！"（述而第七·11章）

❻ 孔子于乡党，恂恂如也，似不能言者。其在宗庙朝廷，便便言，唯谨尔。（乡党第十·1章）

❼ 朝，与下大夫言，侃侃如也；与上大夫言，訚訚如也。君在，踧踖如也，与与如也。（乡党第十·2章）

❽ 君召使摈，色勃如也，足躩如也。揖所与立，左右手，衣前后，襜如也。趋进，翼如也。宾退，必复命，曰："宾不顾矣。"（乡党第十·3章）

9 入公门，鞠躬如也，如不容。立不中门，行不履阈。过位，色勃如也，足躩如也，其言似不足者。摄齐升堂，鞠躬如也，屏气似不息者。出，降一等，逞颜色，怡怡如也，没阶，趋进，翼如也。复其位，踧踖如也。（乡党第十·4章）

10 执圭，鞠躬如也，如不胜。上如揖，下如授，勃如战色，足蹜蹜如有循。享礼，有容色。私觌，愉愉如也。（乡党第十·5章）

⑪ 问人于他邦，再拜而送之。（乡党第十·15章）

⑫ 康子馈药，拜而受之。曰："丘未达，不敢尝。"
（乡党第十·16章）

⑬ 子华使于齐，冉子为其母请粟。子曰："与之釜。"请益。曰："与之庾。"冉子与之粟五秉。子曰："赤之适齐也，乘肥马，衣轻裘。吾闻之也：君子周急不继富。"（雍也第六·4章）

⑭ 原思为之宰，与之粟九百。辞。子曰："毋！以与尔邻里乡党乎！"（雍也第六·5章）

15 朋友死，无所归，曰："于我殡。"（乡党第十·22章）

16 朋友之馈，虽车马，非祭肉，不拜。（乡党第十·23章）

17 子食于有丧者之侧，未尝饱也。（述而第七·9章）

18 子于是日哭，则不歌。（述而第七·10章）

19 厩焚。子退朝，曰："伤人乎？"不问马。（乡党第十·17章）

20 君赐食，必正席先尝之。君赐腥，必熟而荐之。君赐生，必畜之。侍食于君，君祭，先饭。

（乡党第十·18章）

21 疾，君视之，东首，加朝服，拖绅。（乡党第十·19章）

22 君命召，不俟驾行矣。（乡党第十·20章）

23 寝不尸，居不容。（乡党第十·24章）

24 见齐衰者，虽狎必变。见冕者与瞽者，虽亵必以貌。凶服者式之，式负版者。有盛馔，必变色而作。迅雷、风烈，必变。（乡党第十·25章）

25 齐，必有明衣，布。齐必变食，居必迁坐。

（乡党第十·7章）

26 君子不以绀緅饰，红紫不以为亵服。当暑，袗絺绤，必表而出之。缁衣羔裘，素衣麑裘，黄衣狐裘。亵裘长，短右袂。必有寝衣，长一身有半。狐貉之厚以居。去丧，无所不佩。非帷裳，必杀之。羔裘玄冠，不以吊。吉月，必朝服而朝。

（乡党第十·6章）

151

27 食不厌精，脍不厌细。食饐而餲，鱼馁而肉败，不食。色恶，不食。臭恶，不食。失饪，不食。不时，不食。割不正，不食。不得其酱，不食。肉虽多，不使胜食气。唯酒无量，不及乱。沽酒市脯不食。不撤姜食，不多食。（乡党第十·8章）

28 祭于公，不宿肉。祭肉不出三日。出三日，不食之矣。（乡党第十·9章）

㉙ 食不语，寝不言。（乡党第十·10章）

㉚ 虽疏食菜羹，瓜祭，必齐如也。（乡党第十·11章）

㉛ 席不正，不坐。（乡党第十·12章）

㉜ 升车，必正立，执绥。车中，不内顾，不疾言，不亲指。（乡党第十·26章）

㉝ 子贡曰："有美玉于斯，韫椟而藏诸？求善贾而沽诸？"子曰："沽之哉！沽之哉！我待贾者也！"

（子罕第九·13章）

34 佛肸召，子欲往。子路曰："昔者由也闻诸夫子曰：'亲于其身为不善者，君子不入也。'佛肸以中牟畔，子之往也如之何？"子曰："然，有是言也。不曰坚乎？磨而不磷。不曰白乎？涅而不缁。吾岂匏瓜也哉？焉能系而不食！"（阳货第十七·7章）

> **专题小结**

　　为什么《论语》中记录了大量的关于穿衣吃饭、行住坐卧的细节？

　　这些行为示范已经离我们太过遥远，社交礼仪早已与时俱进，慢生活也早已代之以快节奏……所以，我们能从这些穿越历史风霜、流传两千多年的经典章句中领悟到什么呢？

　　穿衣吃饭，待人接物，不是无意识的行为，而是心性的呈现。于起心动念处安其位，行其道，在把握天时、顺应天道中实现身心的舒展和绽放，达至内外合一之境。

　　"色斯举矣，翔而后集。曰：'山梁雌雉，时哉时哉！'子路共之，三嗅而作。"孔子和子路在山谷中行走，被一群雌雉在天地间时而飞翔时而聚集栖息的动态所吸引。万物生灵或动或静，自性使然，必合其时宜。而君子随缘应物与凡夫随波逐流的本质区别，也暗藏在这山谷雌雉的画面里了。所以"子路共之"，心领神会于孔子的感叹。

　　被誉为"圣之时者"的孔子，一定希望我们透过他两千多年前的行为处事模式，参悟其奥义，不受成规定论、外在形式的束缚，回到真实的自身处境中去领受，在行住坐卧间，时刻保持觉知，用身心的内外合一，活出我们各自独具的生命。

学后感悟

生命轮
里的《论语》印记

寒露 道德专题

✦ **心之所向，行则将至**

> 道德，有时会以孤傲的姿态挺立。
> 如寒露深秋的树干枝丫，清冷坚定、不可动摇。

读诵抄写

① 子在川上曰："逝者如斯夫！不舍昼夜。"

（子罕第九·17章）

② 王孙贾问曰："与其媚于奥，宁媚于灶，何谓也？"
子曰："不然。获罪于天，无所祷也。"（八佾第三·13章）

❸ 子畏于匡，曰："文王既没，文不在兹乎？天之将丧斯文也，后死者不得与于斯文也。天之未丧斯文也，匡人其如予何？"（子罕第九·5章）

❹ 子曰："天生德于予，桓魋其如予何？"（述而第七·23章）

❺ 子不语：怪，力，乱，神。（述而第七·21章）

❻ 季路问事鬼神。子曰："未能事人，焉能事鬼？"曰："敢问死？"曰："未知生，焉知死？"

（先进第十一·12章）

7 陈子禽谓子贡曰:"子为恭也,仲尼岂贤于子乎?"子贡曰:"君子一言以为知,一言以为不知,言不可不慎也!夫子之不可及也,犹天之不可阶而升也。夫子之得邦家者,所谓立之斯立,道之斯行,绥之斯来,动之斯和。其生也荣,其死也哀。如之何其可及也?"(子张第十九·25章)

8 子曰:"朝闻道,夕死可矣!"(里仁第四·8章)

9 子畏于匡，颜渊后。子曰："吾以女为死矣！"曰："子在，回何敢死？"（先进第十一·23章）

10 颜渊死。子曰："噫！天丧予！天丧予！"
（先进第十一·9章）

11 子曰："人能弘道，非道弘人。"（卫灵公第十五·29章）

12 公伯寮愬子路于季孙，子服景伯以告，曰："夫子固有惑志于公伯寮，吾力犹能肆诸市朝。"子曰："道之将行也与，命也；道之将废也与，命也。公伯寮其如命何？"（宪问第十四·36章）

❸ 子曰："谁能出不由户？何莫由斯道也！"

（雍也第六·17章）

❹ 冉子退朝，子曰："何晏也？"对曰："有政。"子曰："其事也！如有政，虽不吾以，吾其与闻之！"

（子路第十三·14章）

❺ 子曰："人无远虑，必有近忧。"

（卫灵公第十五·12章）

❻ 子曰："衣敝缊袍，与衣狐貉者立，而不耻者，其由也与！'不忮不求，何用不臧？'"子路终身诵之。子曰："是道也，何足以臧？"

（子罕第九·27章）

17 子曰:"道不同,不相为谋。"（卫灵公第十五·40章）

18 子曰:"仁远乎哉？我欲仁,斯仁至矣！"
（述而第七·30章）

专题小结

什么是道德？说好话，行好事，做好人，就是有道德吗？什么才算"好"？道德的标准好像也并非一成不变，它是一个随着人类文明进步而不断完善的动态概念。

所以，"道德"这个词，似乎常常挂在嘴边，但又很少有人能一览其全貌、了解其究竟。

古时，人们往往会把希望和期待寄托在好像更强大的神秘力量上，孔子的弟子也不例外。季路问事鬼神，子曰："未能事人，焉能事鬼？"又问"死"，子曰："未知生，焉知死？"很多人因此以为孔子是忌讳谈鬼神、死亡的，其实孔子是在告诉我们：把向外的贪求、期待收回来，活出"生"的价值，就会无惧"死"；顺道而行，自然能显化成德，不受"怪、力、乱、神"的左右。

你，在行什么道，在显什么德？站在不同的角度，就会看到不同的风景，子贡心中的孔子"犹天之不可阶而升也"，而孔子曰："仁远乎哉？我欲仁，斯人至矣。"若心有所向，则行将必至。

学后感悟

生命年轮
里的《论语》印记

霜降 行教专题

✦ **一部行走的教科书**

行教，是个"霜打"的过程。

打掉懦弱，打掉依附，打掉谄谀，才能轻装上阵、孕育新生。

读诵抄写

❶ 子曰："志于道，据于德，依于仁，游于艺。"
（述而第七·6章）

❷ 子曰："自行束脩以上，吾未尝无诲焉！"
（述而第七·7章）

❸ 子曰："中人以上，可以语上也；中人以下，不可以语上也。"（雍也第六·21章）

④ 子击磬于卫。有荷蒉而过孔氏之门者，曰："有心哉，击磬乎！"既而曰："鄙哉，硁硁乎！莫己知也，斯己而已矣！深则厉，浅则揭。"子曰："果哉！末之难矣！"（宪问第十四·39章）

⑤ 子曰："可与言，而不与之言，失人；不可与言，而与之言，失言。知者不失人，亦不失言。"

（卫灵公第十五·8章）

❻ 子曰:"若圣与仁,则吾岂敢?抑为之不厌,诲人不倦,则可谓云尔已矣!"公西华曰:"正唯弟子不能学也!"（述而第七·34章）

❼ 子曰:"有教无类。"（卫灵公第十五·39章）

❽ 子以四教:文,行,忠,信。（述而第七·25章）

❾ 子曰:"二三子以我为隐乎?吾无隐乎尔!吾无行而不与二三子者,是丘也。"（述而第七·24章）

❿ 子曰："法语之言，能无从乎！改之为贵。巽与之言，能无说乎？绎之为贵。说而不绎，从而不改，吾末如之何也已矣！"（子罕第九·24章）

⓫ 子曰："不愤不启，不悱不发。举一隅不以三隅反，则不复也。"（述而第七·8章）

⓬ 子曰："吾犹及史之阙文也。有马者借人乘之，今亡矣夫！"（卫灵公第十五·26章）

13 仪封人请见，曰："君子之至于斯也，吾未尝不得见也。"从者见之。出曰："二三子，何患于丧乎？天下之无道也久矣，天将以夫子为木铎。"

（八佾第三·24章）

14 子游曰："子夏之门人小子，当洒扫应对进退则可矣，抑末也；本之则无，如之何？"子夏闻之曰："噫！言游过矣！君子之道，孰先传焉？孰后倦焉？譬诸草木，区以别矣。君子之道，焉可诬也？有始有卒者，其惟圣人乎！"（子张第十九·12章）

169

15 子曰："弟子入则孝，出则弟，谨而信，泛爱众，而亲仁。行有余力，则以学文。"（学而第一·6章）

16 子夏之门人问交于子张。子张曰："子夏云何？"对曰："子夏曰：'可者与之，其不可者拒之。'"子张曰："异乎吾所闻：'君子尊贤而容众，嘉善而矜不能。'我之大贤与，于人何所不容？我之不贤与，人将拒我，如之何其拒人也？"（子张第十九·3章）

17 叔孙武叔语大夫于朝曰："子贡贤于仲尼。"子服景伯以告子贡,子贡曰："譬之宫墙:赐之墙也及肩,窥见室家之好;夫子之墙数仞,不得其门而入,不见宗庙之美,百官之富。得其门者或寡矣!夫子之云,不亦宜乎?"(子张第十九·23章)

专题小结

"行教"，"行"什么，"教"什么？

本专题的第一句被视为儒学的总纲："志于道，据于德，依于仁，游于艺。"人生之路，若非充满艰难险阻，先贤又何须提醒我们去笃定或依托些什么呢？

子曰："若圣与仁，则吾岂敢？"大家对此句的理解大多停留在孔子自谦上，其实何止？孔子讲自己为之不厌，诲人不倦，如此而已。也许还想提醒我们，放下对外在的期待与依赖，路终究要靠自己以不厌、不倦的毅力一步一步地行出来。

真正的好老师一定是鼓励学生超越自己的，再好的导师也只能是助力。所以，一个人的人生，哪里有别人可以依赖？真正的尊师，正是要在志道、据德、依仁的基础上，一路披荆斩棘、勇往直前，活出游刃有余的人生特质。而"行教"的人，也许就是那个不断拼搏探索，在风雨中奔跑，跌跌撞撞，姿势不见得优美，却始终前行的你自己。

活出自己的生命价值，这样的人就是一部行走的教科书。

学后感悟

立冬 宗义专题

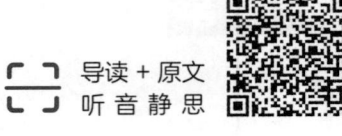

✦ **不要忘记回家的路**

冬藏，是一场回归。

因"止"而知"行"的方向，因"息"而有"生"的能量。

读诵抄写

❶ 子曰："中庸之为德也，其至矣乎！民鲜久矣！"

（雍也第六·29章）

❷ 子曰："晋文公谲而不正，齐桓公正而不谲。"

（宪问第十四·15章）

❸ 子曰："如有周公之才之美，使骄且吝，其余不足观也已！"（泰伯第八·11章）

❹ 子曰："狂而不直，侗而不愿，悾悾而不信，吾不知之矣！"（泰伯第八·16章）

❺ 鲁人为长府。闵子骞曰："仍旧贯，如之何？何必改作！"子曰："夫人不言，言必有中。"

（先进第十一·14章）

❻ 子曰："孰谓微生高直？或乞醯焉，乞诸其邻而与之。"（公冶长第五·24章）

❼ 子曰："论笃是与，君子者乎？色庄者乎？"

（先进第十一·21章）

❽ 子贡曰:"如有博施于民,而能济众,何如?可谓仁乎?"子曰:"何事于仁,必也圣乎!尧舜其犹病诸!夫仁者,己欲立而立人,己欲达而达人。能近取譬,可谓仁之方也已。"（雍也第六·30章）

❾ 子问公叔文子于公明贾,曰:"信乎,夫子不言不笑不取乎?"公明贾对曰:"以告者过也!夫子时然后言,人不厌其言;乐然后笑,人不厌其笑;义然后取,人不厌其取。"子曰:"其然?岂其然乎?"（宪问第十四·13章）

❿ 子曰："加我数年，五十以学《易》，可以无大过矣。"（述而第七·17章）

⓫ 子曰："知之者不如好之者，好之者不如乐之者。"
（雍也第六·20章）

⓬ 子谓卫公子荆，"善居室。始有，曰：'苟合矣。'少有，曰：'苟完矣。'富有，曰：'苟美矣。'"
（子路第十三·8章）

⓭ 子语鲁大师乐，曰："乐其可知也：始作，翕如也；从之，纯如也，皦如也，绎如也，以成。"
（八佾第三·23章）

14 子与人歌而善，必使反之，而后和之。（述而第七·32章）

15 棘子成曰："君子质而已矣，何以文为？"子贡曰："惜乎，夫子之说君子也，驷不及舌！文犹质也，质犹文也。虎豹之鞟，犹犬羊之鞟。"（颜渊第十二·8章）

16 子曰："质胜文则野，文胜质则史。文质彬彬，然后君子。"（雍也第六·18章）

17 子曰:"吾有知乎哉?无知也。有鄙夫问于我,空空如也,我叩其两端而竭焉。"（子罕第九·8章）

18 "唐棣之华,偏其反而;岂不尔思?室是远而。"
子曰:"未之思也,夫何远之有?"（子罕第九·31章）

19 有子曰:"信近于义,言可复也;恭近于礼,远耻辱也。因不失其亲,亦可宗也。"（学而第一·13章）

20 子温而厉,威而不猛,恭而安。（述而第七·38章）

专题小结

孔子说，面对一些问题，他原本"空空如也"，无非是"叩其两端而竭焉"。《中庸》也提到"执其两端，用其中于民"。子曰："中庸之为德也，其至矣乎！民鲜久矣。"最高等的道德就藏在"中庸"里面，只是很多人未曾参悟。那么，这里所提到的"两端"是什么呢？

我们借用《周易》的阴阳概念来思考，"两端"可以是事物的终始、因果、正反、前后，等等。正如《道德经》言："有无相生，难易相成，长短相形，高下相倾，音声相和，前后相随。"《论语》中也说"文质彬彬"方为君子，表里相应、缺一不可。

引申到我们每个人的修身、成长中，最关键的一"端"，是知道自己是谁，找准定位。人生中的诸多痛苦与纠结，都源于错位。不回归本位，就不能理解当下，不能得体应对，仿佛舍本求末、缘木求鱼，着实可惜。

破除狭隘的自我执着，从纠结困顿中解脱出来，安于内心，找到自在，用觉知启发智慧。在这个当下，你就会悟得孔子"温而厉，威而不猛，恭而安"的气质从何而来了。

学后感悟

小雪 礼乐专题

✦ **人生的华彩乐章**

清冷的世界有雪花在舞蹈，如礼乐藏于心间，情深而不执，路远而不迷。

读诵抄写

❶ 子曰："兴于《诗》，立于礼，成于乐。"（泰伯第八·8章）

❷ 子谓伯鱼曰："女为《周南》《召南》矣乎？人而不为《周南》《召南》，其犹正墙面而立也与！"

（阳货第十七·10章）

3 陈亢问于伯鱼曰："子亦有异闻乎？"对曰："未也。尝独立，鲤趋而过庭。曰：'学《诗》乎？'对曰：'未也。''不学《诗》，无以言！'鲤退而学《诗》。他日，又独立，鲤趋而过庭。曰：'学礼乎？'对曰：'未也。''不学礼，无以立！'鲤退而学礼。闻斯二者。"陈亢退而喜曰："问一得三：闻《诗》，闻礼，又闻君子之远其子也。"（季氏第十六·13章）

❹ 子入太庙,每事问。或曰:"孰谓鄹人之子知礼乎?入太庙,每事问。"子闻之曰:"是礼也!"

（八佾第三·15章）

❺ 子曰:"夏礼,吾能言之,杞不足征也。殷礼,吾能言之,宋不足征也。文献不足故也。足,则吾能征之矣。"（八佾第三·9章）

❻ 子张问:"十世可知也?"子曰:"殷因于夏礼,所损益可知也。周因于殷礼,所损益可知也。其或继周者,虽百世可知也。"（为政第二·23章）

❼ 子曰:"夷狄之有君,不如诸夏之亡也。"
（八佾第三·5章）

❽ 林放问礼之本。子曰:"大哉问！礼,与其奢也,宁俭。丧,与其易也,宁戚。"（八佾第三·4章）

❾ 子曰:"礼云礼云,玉帛云乎哉？乐云乐云,钟鼓云乎哉？"（阳货第十七·11章）

❿ 子曰:"臧文仲居蔡,山节藻棁。何如其知也！"
（公冶长第五·18章）

⓫ 子贡欲去告朔之饩羊。子曰:"赐也！尔爱其羊,我爱其礼。"（八佾第三·17章）

12 子曰："事君尽礼，人以为谄也。"（八佾第三·18章）

13 子曰："麻冕，礼也，今也纯，俭，吾从众。拜下，礼也，今拜乎上，泰也。虽违众，吾从下。"
（子罕第九·3章）

14 子曰："人而不仁，如礼何？人而不仁，如乐何？"
（八佾第三·3章）

15 子曰："能以礼让为国乎，何有？不能以礼让为国，如礼何？"（里仁第四·13章）

16 仲弓问仁。子曰:"出门如见大宾,使民如承大祭。己所不欲,勿施于人。在邦无怨,在家无怨。"仲弓曰:"雍虽不敏,请事斯语矣!"（颜渊第十二·2章）

17 子曰:"以约失之者,鲜矣!"（里仁第四·23章）

18 子曰:"晏平仲善与人交,久而敬之。"（公冶长第五·17章）

19 有子曰:"礼之用,和为贵;先王之道,斯为美,小大由之。有所不行,知和而和,不以礼节之,亦不可行也。"（学而第一·12章）

20 子曰："《关雎》,乐而不淫,哀而不伤。"

（八佾第三·20章）

---

21 子曰："师挚之始,《关雎》之乱,洋洋乎盈耳哉！"（泰伯第八·15章）

---

22 子曰："吾自卫反鲁,然后乐正,《雅》《颂》各得其所。"（子罕第九·15章）

---

23 子曰："鲁卫之政,兄弟也。"（子路第十三·7章）

专题小结

孔子为何说"兴于《诗》，立于礼，成于乐"？

他其实是想告诉我们：当一个人骨子里升腾出如诗般浓烈的情怀和梦想，就是生命之火被点燃的时刻。接下来，才会不惧未知，于艰难险阻中步步前行，磨砺心智，探索规律，寻求突破与发展，这正是孔子所言"立于礼"的阶段。接纳现实，尊重规律，在有序中方可走得长远笃定，而最终达至"成于乐"的境界。

《礼记·乐记》云："乐者，天地之和也；礼者，天地之序也。"原来，儒家所崇尚的诗礼传家和礼乐教化，具有浪漫的生命指引。用如诗般的情怀梦想铺垫人生的底色，在有礼有序的现实笃行中突破成长，进而成就人生价值。

学后感悟

生命轮
里的《论语》印记

大雪 天下专题

✦ **心中的"格",决定活出的"局"**

经历风雪的洗礼,方能体验寒冰雨雾笼罩下的迷离跌宕,读懂人与自然的兴亡荣辱。

读诵抄写

❶ 子曰:"凤鸟不至,河不出图,吾已矣夫!"

(子罕第九·9章)

❷ 子曰:"甚矣吾衰也!久矣,吾不复梦见周公!"

(述而第七·5章)

❸ 孟氏使阳肤为士师,问于曾子。曾子曰:"上失其道,民散久矣!如得其情,则哀矜而勿喜。"

(子张第十九·19章)

❹ 孔子谓季氏："八佾舞于庭，是可忍也，孰不可忍也？"（八佾第三·1章）

❺ 三家者以《雍》彻。子曰："'相维辟公，天子穆穆'，奚取于三家之堂？"（八佾第三·2章）

❻ 子曰："禘自既灌而往者，吾不欲观之矣。"（八佾第三·10章）

❼ 子曰："居上不宽，为礼不敬，临丧不哀，吾何以观之哉？"（八佾第三·26章）

❽ 齐人归女乐,季桓子受之,三日不朝。孔子行。

（微子第十八·4章）

❾ 子曰:"好勇疾贫,乱也。人而不仁,疾之已甚,乱也。"（泰伯第八·10章）

❿ 子曰:"已矣乎!吾未见好德如好色者也!"

（卫灵公第十五·13章）

⓫ 子曰:"古者民有三疾,今也或是之亡也。古之狂也肆,今之狂也荡;古之矜也廉,今之矜也忿戾;古之愚也直,今之愚也诈而已矣。"（阳货第十七·16章）

12 季氏旅于泰山。子谓冉有曰:"女弗能救与?"对曰:"不能。"子曰:"呜呼!曾谓泰山不如林放乎?"（八佾第三·6章）

13 大师挚适齐,亚饭干适楚,三饭缭适蔡,四饭缺适秦,鼓方叔入于河,播鼗武入于汉,少师阳、击磬襄入于海。（微子第十八·9章）

14 子曰:"放于利而行,多怨。"（里仁第四·12章）

15 季康子患盗,问于孔子。孔子对曰:"苟子之不欲,虽赏之不窃!"（颜渊第十二·18章）

16 季氏富于周公,而求也为之聚敛而附益之。子曰:"非吾徒也。小子鸣鼓而攻之,可也!"

(先进第十一·17章)

17 孺悲欲见孔子,孔子辞以疾。将命者出户,取瑟而歌,使之闻之。(阳货第十七·20章)

18 季子然问:"仲由、冉求,可谓大臣与?"子曰:"吾以子为异之问,曾由与求之问。所谓大臣者,以道事君,不可则止。今由与求也,可谓具臣矣。"曰:"然则从之者与?"子曰:"弑父与君,亦不从也。"(先进第十一·24章)

19 陈成子弑简公。孔子沐浴而朝，告于哀公曰："陈恒弑其君，请讨之。"公曰："告夫三子。"孔子曰："以吾从大夫之后，不敢不告也！君曰'告夫三子'者！"之三子告，不可。孔子曰："以吾从大夫之后，不敢不告也！"（宪问第十四·21章）

20 陈司败问："昭公知礼乎？"孔子曰："知礼。"孔子退，揖巫马期而进之，曰："吾闻君子不党，君子亦党乎？君取于吴，为同姓，谓之吴孟子。君而知礼，孰不知礼？"巫马期以告。子曰："丘也幸，苟有过，人必知之。"（述而第七·31章）

21 子疾病,子路使门人为臣。病间,曰:"久矣哉,由之行诈也!无臣而为有臣。吾谁欺?欺天乎?且予与其死于臣之手也,无宁死于二三子之手乎!且予纵不得大葬,予死于道路乎?"（子罕第九·12章）

22 颜渊死,门人欲厚葬之。子曰:"不可!"门人厚葬之。子曰:"回也视予犹父也,予不得视犹子也。非我也,夫二三子也。"（先进第十一·11章）

23 子言卫灵公之无道也。康子曰:"夫如是,奚而不丧?"孔子曰:"仲叔圉治宾客,祝鮀治宗庙,王孙贾治军旅。夫如是,奚其丧?"（宪问第十四·19章）

24 子之所慎:齐,战,疾。（述而第七·13章）

25 子曰:"恶紫之夺朱也,恶郑声之乱雅乐也,恶利口之覆邦家者。"（阳货第十七·18章）

26 哀公问社于宰我。宰我对曰:"夏后氏以松,殷人以柏,周人以栗,曰,使民战栗。"子闻之,曰:"成事不说,遂事不谏,既往不咎。"（八佾第三·21章）

27 宪问耻。子曰:"邦有道,穀;邦无道,穀,耻也。"
（宪问第十四·1章）

28 微子去之,箕子为之奴,比干谏而死。孔子曰:"殷有三仁焉!"（微子第十八·1章）

㉙ 季氏使闵子骞为费宰。闵子骞曰："善为我辞焉。如有复我者，则吾必在汶上矣。"（雍也第六·9章）

㉚ 齐景公有马千驷，死之日，民无德而称焉。伯夷、叔齐饿于首阳之下，民到于今称之。其斯之谓与？（季氏第十六·12章）

㉛ 柳下惠为士师，三黜。人曰："子未可以去乎？"曰："直道而事人，焉往而不三黜？枉道而事人，何必去父母之邦？"（微子第十八·2章）

32 子曰："臧文仲其窃位者与！知柳下惠之贤，而不与立也。"（卫灵公第十五·14章）

33 阳货欲见孔子，孔子不见，归孔子豚。孔子时其亡也，而往拜之。遇诸涂。谓孔子曰："来，予与尔言。"曰："怀其宝而迷其邦，可谓仁乎？"曰："不可。""好从事而亟失时，可谓知乎？"曰："不可！""日月逝矣，岁不我与！"孔子曰："诺，吾将仕矣。"（阳货第十七·1章）

34 楚狂接舆歌而过孔子，曰："凤兮！凤兮！何德之衰？往者不可谏，来者犹可追。已而！已而！今之从政者殆而！"孔子下，欲与之言。趋而辟之，不得与之言。（微子第十八·5章）

35 长沮、桀溺耦而耕。孔子过之，使子路问津焉。长沮曰："夫执舆者为谁？"子路曰："为孔丘。"曰："是鲁孔丘与？"曰："是也。"曰："是知津矣！"

问于桀溺。桀溺曰:"子为谁?"曰:"为仲由。"曰:"是鲁孔丘之徒与?"对曰:"然。"曰:"滔滔者天下皆是也,而谁以易之?且而与其从辟人之士也,岂若从辟世之士哉?"耰而不辍。子路行以告。夫子怃然曰:"鸟兽不可与同群,吾非斯人之徒与而谁与?天下有道,丘不与易也。"(微子第十八·6章)

36 子曰:"贤者辟世,其次辟地,其次辟色,其次辟言。"子曰:"作者七人矣。"(宪问第十四·37章)

37 子曰:"饱食终日,无所用心,难矣哉!不有博弈者乎?为之,犹贤乎已。"(阳货第十七·22章)

38 子路从而后,遇丈人,以杖荷蓧。子路问曰:"子见夫子乎?"丈人曰:"四体不勤,五谷不分,孰为夫子?"植其杖而芸。子路拱而立。止子路宿,杀鸡为黍而食之,见其二子焉。明日,子路行以告。子曰:"隐者也。"使子路反见之。

至，则行矣。子路曰："不仕无义。长幼之节，不可废也；君臣之义，如之何其废之？欲洁其身，而乱大伦。君子之仕也，行其义也。道之不行，已知之矣！"（微子第十八·7章）

39 子适卫，冉有仆。子曰："庶矣哉！"冉有曰："既庶矣，又何加焉？"曰："富之。"曰："既富矣，又何加焉？"曰："教之。"（子路第十三·9章）

40 子曰："贫而无怨，难；富而无骄，易。"

（宪问第十四·10章）

41 或问子产。子曰:"惠人也。"问子西。曰:"彼哉!彼哉!"问管仲。曰:"人也。夺伯氏骈邑三百,饭疏食,没齿无怨言。"（宪问第十四·9章）

42 子贡曰:"管仲非仁者与?桓公杀公子纠,不能死,又相之。"子曰:"管仲相桓公,霸诸侯,一匡天下,民到于今受其赐。微管仲,吾其被发左衽矣!岂若匹夫匹妇之为谅也,自经于沟渎而莫之知也?"（宪问第十四·17章）

43 子曰:"管仲之器小哉!"或曰:"管仲俭乎?"曰:"管氏有三归,官事不摄,焉得俭?""然则管仲知礼乎?"曰:"邦君树塞门,管氏亦树塞门。邦君为两君之好,有反坫,管氏亦有反坫。管氏而知礼,孰不知礼?"(八佾第三·22章)

44 子夏曰:"大德不逾闲,小德出入可也。"

(子张第十九·11章)

45 子路曰:"桓公杀公子纠,召忽死之,管仲不死。"曰:"未仁乎?"子曰:"桓公九合诸侯,不以兵车,管仲之力也。如其仁!如其仁!"(宪问第十四·16章)

46 齐景公待孔子曰:"若季氏则吾不能,以季、孟之间待之。"曰:"吾老矣,不能用也。"孔子行。

(微子第十八·3章)

47 子在齐闻《韶》,三月不知肉味,曰:"不图为乐之至于斯也!"(述而第七·14章)

48 子曰："齐一变，至于鲁。鲁一变，至于道。"

（雍也第六·24章）

49 子贡曰："贫而无谄，富而无骄，何如？"子曰："可也。未若贫而乐，富而好礼者也。"子贡曰："《诗》云'如切如磋，如琢如磨'，其斯之谓与？"子曰："赐也，始可与言《诗》已矣，告诸往而知来者。"（学而第一·15章）

50 公山弗扰以费畔,召,子欲往。子路不说,曰:"末之也已,何必公山氏之之也?"子曰:"夫召我者,而岂徒哉?如有用我者,吾其为东周乎!"

(阳货第十七·5章)

51 颜渊问为邦。子曰:"行夏之时,乘殷之辂,服周之冕,乐则《韶》《舞》。放郑声,远佞人。郑声淫,佞人殆。"(卫灵公第十五·11章)

52 或问禘之说。子曰:"不知也。知其说者之于天下也,其如示诸斯乎?"指其掌。(八佾第三·11章)

专题小结

天下，是一个多大的概念？对于你我这般世间芸芸众生而言，关于天下的思考有什么价值？

本专题描述了春秋时期的社会现象，既有"三家者以《雍》彻"、季氏"八佾舞于庭"、"陈成子弑简公"僭越违礼，又有柳下惠三黜而不去正道直行；既有管仲辅佐桓公"九合诸侯，不以兵车"，又有长沮、桀溺、接舆等人避世隐遁……他们因各自心中的"天下"，而活出千姿百态的人生。孔子特立独行于这几类人群之外，他因自己心中的"天下"，活成了千百年来后学心目中的"圣人"。

思想观念决定行为，心中定位的"格"，决定了我们最终能活出的"局"，也就是常说的"格局"。所以，回到自己的角色本位上，问自己三个问题，你就会明确自己心中的"天下"：

你想成为什么样的人？你想实现怎样的生命价值？你能在身处的这个历史时空中发挥什么作用？

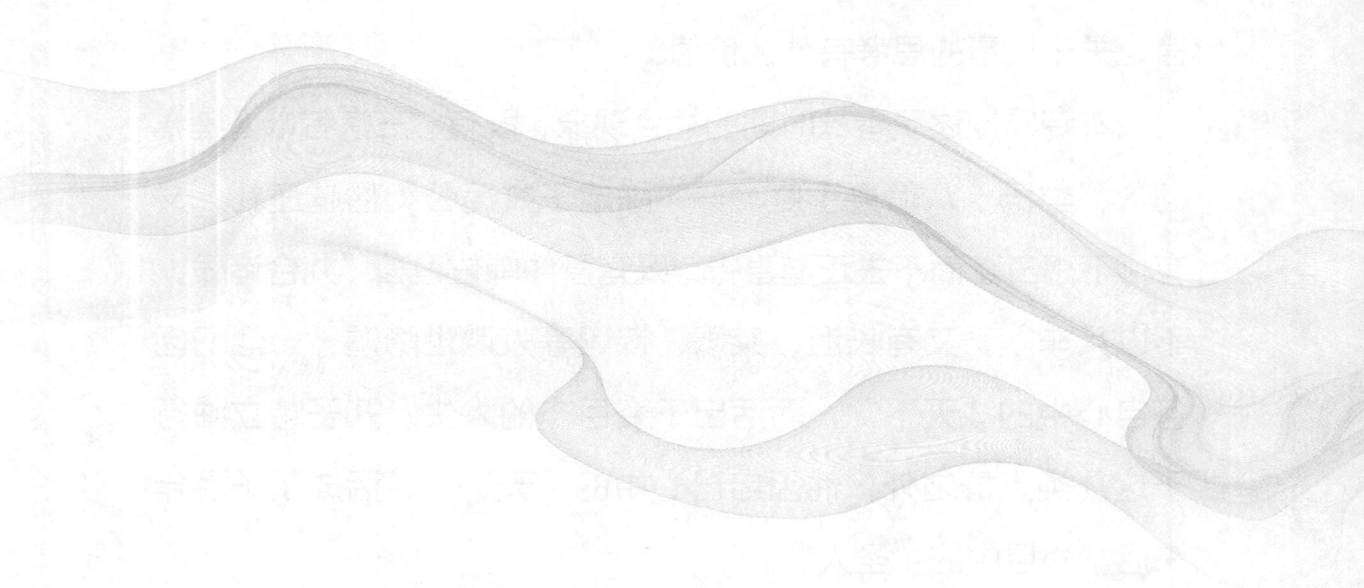

学后感悟

生命年轮
里的《论语》印记

冬至 和美专题

✦ 和美之境来自人生淬炼

最长的黑夜,恰能最长久地反衬出自性的光芒,和合至美的境界往往由此淬炼而成。

读诵抄写

① 子张问于孔子曰:"何如斯可以从政矣?"子曰:"尊五美,屏四恶,斯可以从政矣。"子张曰:"何谓五美?"子曰:"君子惠而不费,劳而不怨,欲而不贪,泰而不骄,威而不猛。"

子张曰:"何谓惠而不费?"子曰:"因民之所利而利之,斯不亦惠而不费乎?择可劳而劳之,又谁怨?欲仁而得仁,又焉贪?君子无众寡,无小大,无敢慢,斯不亦泰而不骄乎?君子正其衣冠,尊其瞻视,俨然人望而畏之,斯不亦威而不猛乎?"

子张曰:"何谓四恶?"子曰:"不教而杀谓之虐;不戒视成谓之暴;慢令致期谓之贼;犹之与人也,出纳之吝,谓之有司。"(尧曰第二十·2章)

❷ 子曰:"予欲无言!"子贡曰:"子如不言,则小子何述焉?"子曰:"天何言哉?四时行焉,百物生焉,天何言哉?"（阳货第十七·19章）

❸ 子曰:"《诗》三百,一言以蔽之,曰'思无邪'。"

（为政第二·2章）

专题小结

什么是"和"？《道德经》云："万物负阴而抱阳，冲气以为和。""道"是阴阳二气的中和、平衡与统一。万物阴阳交和、互相激荡，达到一种和谐美好的状态。

在相互协作、彼此担当的关爱中，生发出共存共融的和谐美好，这是社会发展的重要标识，也是人类文明精华之所在。

本专题中，孔子提到"尊五美，屏四恶，斯可以从政矣"，把我们带入社会现实中。儒家思想不是高高在上的理论，不是只见于书本的仁义道德观念，而是切实可用的。孔子告诉我们，在矛盾纷繁、一地鸡毛的生活里，要善于做出"因民之所利而利之"、关注他人"痛点"、急人之所急的抉择。

有句电影台词说：做正确的事是要付出代价的，但不能因为有代价就不去做。和美是令人向往的，它背后的代价你可愿意看见？你可勇于承担？

这就是社会文明发展的挑战与考验。勇敢是一种美好的品质，当命运之手把我们交付给那复杂的现实境况，我们才会真正知道，自己有没有勇气担负起大道和美之责任。

学后感悟

小寒 艺愚专题

✦ **人生不设限**

天寒地冻的时候，对抗，或许不如沉淀。隐匿锋芒，退守自持。

读诵抄写

❶ 太宰问于子贡曰："夫子圣者与？何其多能也？"子贡曰："固天纵之将圣，又多能也。"子闻之，曰："太宰知我乎！吾少也贱，故多能鄙事。君子多乎哉？不多也！"（子罕第九·6章）

❷ 牢曰："子云：'吾不试，故艺。'"（子罕第九·7章）

❸ 达巷党人曰:"大哉孔子!博学而无所成名。"子闻之,谓门弟子曰:"吾何执?执御乎?执射乎?吾执御矣!"（子罕第九·2章）

❹ 子曰:"可与共学,未可与适道;可与适道,未可与立;可与立,未可与权。"（子罕第九·30章）

❺ 子曰:"吾与回言终日,不违,如愚。退而省其私,亦足以发,回也不愚!"（为政第二·9章）

❻ 子曰："宁武子，邦有道，则知；邦无道，则愚。其知可及也，其愚不可及也。"（公冶长第五·21章）

❼ 子曰："为命，裨谌草创之，世叔讨论之，行人子羽修饰之，东里子产润色之。"（宪问第十四·8章）

> **专题小结**

你可能发现了，本专题所选取的《论语》章句充满了通达无碍的格局气度。

什么叫"艺"？我们指的是某种专业精湛的境界和状态。孔子说，"游于艺"。如果能把平凡琐碎的生活过出"碧沼吐青莲"的艺术之美，就是真正的人生赢家。怎么才能活出人生的艺术感？奥妙就在这个"愚"字上。

本专题中，有两则章句出现了"愚"字。一是夸赞颜回学习时恭敬谦卑的态度，"不违，如愚"，实则"不愚"。一是赞扬宁武子处世随缘变通的智慧："宁武子，邦有道则知，邦无道则愚。"既能顺势而为，又能退守待时。最精妙的在后面半句："其知可及也，其愚不可及也。"这里的"愚"就指向了智慧的至高境界：不是无止境地追求智慧，而恰恰是敢于放下，正所谓"大智若愚"。

子曰："唯上知与下愚不移。"智与愚本来就是一体两面的存在，气度非凡的人才能有此境界。所谓通权达变，关键就在通、达二字上。有"可以寄百里之命，托六尺之孤"的入世担当，也有"脱垢浊之尘缘""持空寂之苦趣"的出世无染，不拘泥，不固守，游刃有余，随缘自在。

人生不设限。如果相信生命无限发展的张力，你就会不断激活生命价值，让生命精彩呈现。试着活出自己的"艺愚"人生吧！

学后感悟

大寒 圣贤专题

✦ 没有退路的人生逆旅

极致的寒冷预示着春意，人生的最低谷往往预示着新生。
顺应自然的节奏，与天地同频。

读诵抄写

❶ 尧曰："咨！尔舜！天之历数在尔躬，允执其中！四海困穷，天禄永终。"舜亦以命禹。曰："予小子履，敢用玄牡，敢昭告于皇皇后帝：有罪不敢赦，帝臣不蔽，简在帝心！朕躬有罪，无以万方；万方有罪，罪在朕躬。"

"周有大赉，善人是富。虽有周亲，不如仁人。百姓有过，在予一人。"谨权量，审法度，修废官，四方之政行焉。兴灭国，继绝世，举逸民，天下之民归心焉。所重：民，食，丧，祭。宽则得众，信则民任焉，敏则有功，公则说。（尧曰第二十·1章）

❷ 子曰："大哉，尧之为君也！巍巍乎，唯天为大，唯尧则之！荡荡乎，民无能名焉！巍巍乎，其有成功也！焕乎，其有文章！"（泰伯第八·19章）

❸ 子曰："无为而治者，其舜也与！夫何为哉？恭己正南面而已矣。"（卫灵公第十五·5章）

❹ 子曰："巍巍乎！舜禹之有天下也，而不与焉。"
（泰伯第八·18章）

❺ 子曰："禹，吾无间然矣！菲饮食，而致孝乎鬼神；恶衣服，而致美乎黻冕；卑宫室，而尽力乎沟洫。禹，吾无间然矣！"（泰伯第八·21章）

❻ 樊迟问仁。子曰："爱人。"问知。子曰："知人。"樊迟未达。子曰："举直错诸枉，能使枉者直。"樊迟退，见子夏曰："乡也，吾见于夫子而问知。子曰：'举直错诸枉，能使枉者直。'何谓也？"子夏曰："富哉言乎！舜有天下，选于众，举皋陶，不仁者远矣；汤有天下，选于众，举伊尹，不仁者远矣。"

（颜渊第十二 · 22 章）

7 卫公孙朝问于子贡曰："仲尼焉学？"子贡曰："文武之道，未坠于地，在人。贤者识其大者，不贤者识其小者，莫不有文武之道焉。夫子焉不学？而亦何常师之有？"（子张第十九·22章）

8 子谓《韶》："尽美矣，又尽善也。"谓《武》："尽美矣，未尽善也。"（八佾第三·25章）

❾ 舜有臣五人,而天下治。武王曰:"予有乱臣十人。"孔子曰:"'才难',不其然乎?唐虞之际,于斯为盛,有妇人焉,九人而已。三分天下有其二,以服事殷,周之德,其可谓至德也已矣!"

(泰伯第八·20章)

❿ 周公谓鲁公曰:"君子不施其亲,不使大臣怨乎不以。故旧无大故,则不弃也。无求备于一人。"

(微子第十八·10章)

⓫ 子曰:"周监于二代,郁郁乎文哉!吾从周。"

(八佾第三·14章)

⑫ 子曰："我非生而知之者，好古，敏以求之者也。"

（述而第七·20章）

⑬ 子曰："述而不作，信而好古，窃比于我老彭。"

（述而第七·1章）

⑭ 子曰："三人行，必有我师焉。择其善者而从之，其不善者而改之。"（述而第七·22章）

⑮ 子曰："文，莫吾犹人也。躬行君子，则吾未之有得！"（述而第七·33章）

16 子曰："饭疏食饮水，曲肱而枕之，乐亦在其中矣。不义而富且贵，于我如浮云。"（述而第七·16章）

17 子曰："富而可求也，虽执鞭之士，吾亦为之；如不可求，从吾所好。"（述而第七·12章）

18 叶公问孔子于子路，子路不对。子曰："女奚不曰，其为人也，发愤忘食，乐以忘忧，不知老之将至云尔！"（述而第七·19章）

19 子路宿于石门。晨门曰:"奚自?"子路曰:"自孔氏。"曰:"是知其不可而为之者与?"（宪问第十四·38章）

20 颜渊喟然叹曰:"仰之弥高,钻之弥坚,瞻之在前,忽焉在后!夫子循循然善诱人,博我以文,约我以礼。欲罢不能,既竭吾才,如有所立卓尔,虽欲从之,末由也已!"（子罕第九·11章）

21 子所雅言:《诗》、《书》、执礼,皆雅言也。

（述而第七·18章）

22 子曰："从我于陈、蔡者，皆不及门也。"（先进第十一·2章）

23 德行：颜渊，闵子骞，冉伯牛，仲弓。言语：宰我，子贡。政事：冉有，季路。文学：子游，子夏。
（先进第十一·3章）

24 逸民：伯夷、叔齐、虞仲、夷逸、朱张、柳下惠、少连。子曰："不降其志，不辱其身，伯夷、叔齐与！"谓柳下惠、少连："降志辱身矣，言中伦，行中虑。其斯而已矣！"谓虞仲、夷逸："隐居放言，身中清，废中权。""我则异于是，无可无不可。"（微子第十八·8章）

专题小结

每个人的人生都是一趟单程的旅途，我们怎能甘于沉沦、迷失？所以，我们要不断突破局限、超越自己，成就最美好的生命。

《论语》中的尧、舜、禹故事，正是要唤醒我们血脉基因里的"允执其中"的智慧谋略、"罪在朕躬"的勇毅担当、"惟天为大"的心胸格局。

孔子的一生依此践行，他不会把自己困顿于世俗层面的得失成败里，所以才会有"无可无不可"的泰然，有"饭疏食饮水，曲肱而枕之"的乐趣，有"不义而富且贵，于我如浮云"的洒脱，有"仰之弥高，钻之弥坚"的博大精深，有"博学于文，约之以礼"的广博谦和……

"圣贤"看似遥不可及，实则蕴含在我们内心深处，它是觉悟、智慧、自在、通达等品质的代名词。收获自我生命价值绽放的自在人生，是古圣先贤对这个世界最美好的祝愿，也是我们每个人的生命真相。

若人生没有回头路，那就一往无前，循圣贤指引，释放出"惟天为大"的生命能量吧。

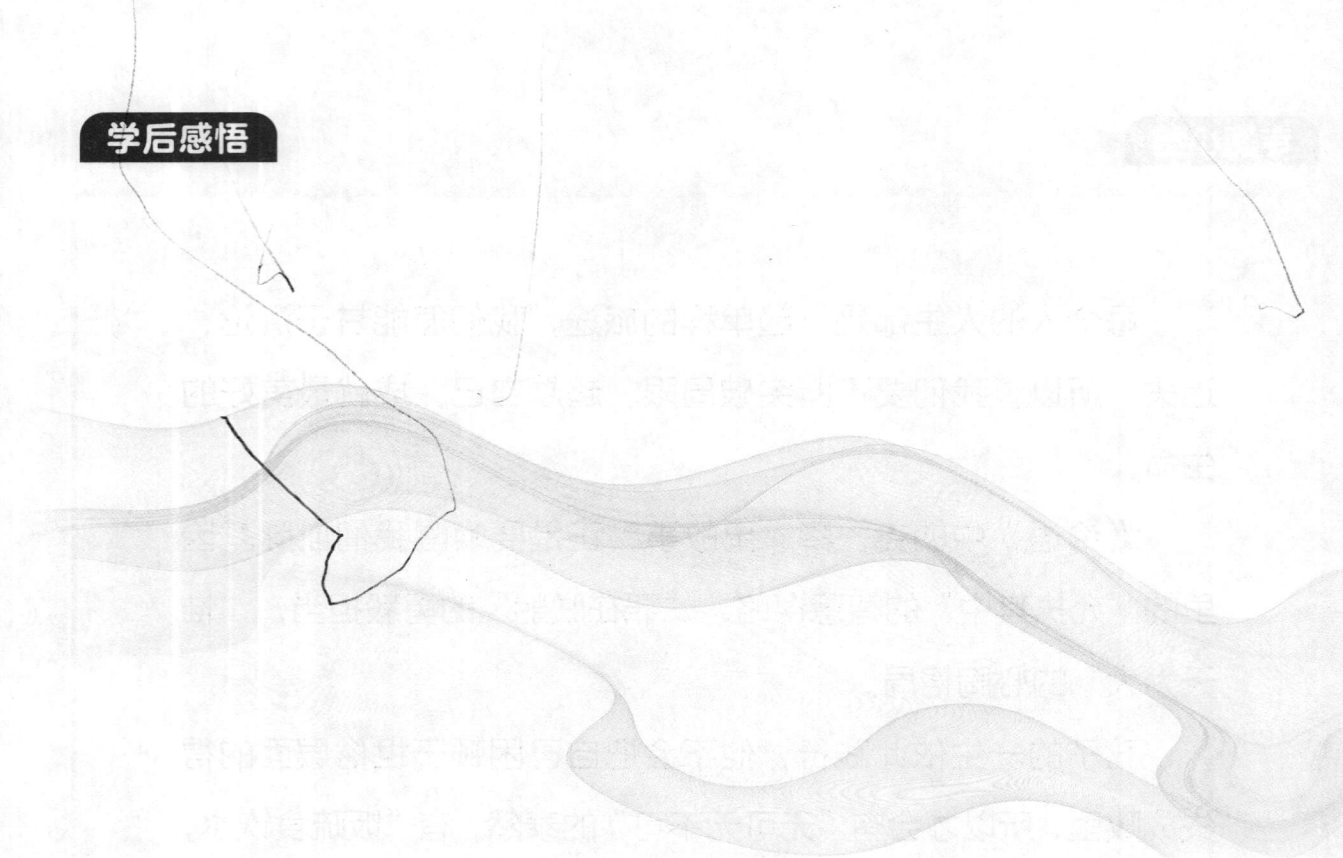

学后感悟

生命年轮
里的《论语》印记